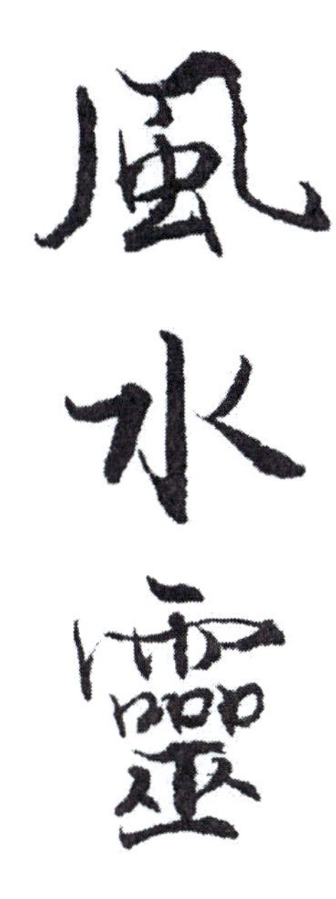

穴

繼大師著

《風水靈穴釋義》── 大地遊踪系列 ── 繼大師著

目錄

前言 —— 網上盜版猖獗 —— 搶注商標註冊獲利

繼大師

2025年3月14日昔逢榮光園、繼大師在網上商標註冊專利期滿，前後繳交共十年網上註冊版權費約十多萬元，公司支出頗大，利潤微薄，又昔逢疫情，過去三年，本想結業，但為了對擇日及風水熱誠，想將中國五術文化繼續傳承，故勉強支持下去。

專利期屆滿兩日後，收到註冊公司口訊謂：「〈榮光園、繼大師〉已給大陸商人搶注了網上商標註冊權。」一真想不到成了風水名牌，不單單在風水上，「繼大師」成了無厘頭的網上網站平台品牌。

若用微信搜查大陸網頁，在過去七年內，發現大部份繼大師著作在網上大量翻版，用PDF檔將本人大部份著作出售，原書色彩，價錢極低，打擊筆者著作意欲，盜版情況，日趨嚴重。過去曾多次通知網上註冊公司有此等情況出現，網上版權註冊公司謂要有證據，並且要扮客人訂購盜版書籍，以此為證據，亦要花大量金錢始可起訴。

若要出律師信，每封信要人民幣六千元，白白繳交多年來十多萬元的網上註冊版權費，真的得不償失，公司要賣多少書？賺多少錢？始能應付開支！只好任人宰割，又遇上無良商人，搶注商標註冊，從中獲利，公司及本人還有機會被無良商人檢控，真是荒天下之大謬。

記得以前「領匯」改為「領展」，就是因為名字給人在網上搶注，被迫改名，全無版權可言，公司及本人並無打算在大陸開拓市場，國內知識產權薄弱，未達標準，無本生利，搵快錢的人多，望情況有待改善。

現今網絡世界，帶來方便，亦帶來不少犯罪渠道，網絡詐騙嚴重，都是人心不古的問題，風水不是萬能，只是顯現因果的數據，我們都活在因緣果報之中，沒有絕對的對與錯。但願公司能繼續經營，不求賺錢，但求有足夠資金營運，這有賴各讀者的支持，祈願未來公司出版更精彩的風水擇日書籍，推廣中國文化，祈望一切進展順利！

榮光園繼大師在此聲明，公司不會替客人做陰陽二宅風水的生意，如有人假冒繼大師名義去擇日或看風水收取客人昂貴費用，必定是騙徒，避免上當，可盡快報公安或警察！

繼大師寫於香港明性洞天

乙巳仲春吉日

自序 ── 繼大師

風水之學，廣大深博，其重點是得地氣所蔭護，要能得地氣，則必須懂得尋龍點穴，能立龍穴之向度，能收山出煞，納入生旺之氣。風水學中有五大原素，就是：

「龍、穴、砂、水、向」。

向度之選取，就是統攝龍、穴、砂、水等靈氣。筆者繼大師將以往勘察過之穴地，不論大小貴賤，或是真結假穴等，將其逐一分析，取其獨特之處，以古法闡釋之，書名：

《風水靈穴釋義》

其中有：證穴法、賤砂八法、離鄉砂、元辰水釋義、捲簾殿試格、順水局、雙腦穴法、風煞單寒及漏胎之看法、穴之三格、救貧穴法、橫騎龍穴法、龍局穴法、金星三格、鬼尾釋義、初敗後發原理、審勢之法、尋龍脈法、四獸之看法、迴龍結穴法、特異行龍之真龍選取法、四獸十度証穴法、桿門三格……等。

讀者透過這書，可更瞭解風水中之真義，更可依照書中之穴地，實地勘察，這樣，與筆者繼大師帶讀者一同看山看水實無有異也，這必能得着一些風水知識，雖非以此糊口，但因此而能分辨風水之真偽。這正是筆者寫此書之目的，雖不能將此書內所述各穴全數尋着，但至少也可尋得一二，更可依此書內引用之古籍引證，並作參考，亦是樂事一件。

是書內容，除根據風水古籍所引證外，大部份是依照吾師 呂克明先生所傳授之風水巒頭學問為主，此《風水靈穴釋義》一書，除圖文並茂外，亦附上各穴地彩照，使讀者更易明瞭，是為序。

寫一偈曰：

風水靈穴
砂水向法
古法傳承
借穴細說

繼大師寫於香港明性洞天
甲申年孟夏吉日

（一）將軍坐陣穴 ── 證穴法及賤砂八法

繼大師

秋季正是郊遊時節，一日，接友人邀請，登山證穴去，目的地在沙田區之高山平原上。由於秋高氣爽，風和日麗，穴地在高原上，顯得特別大風。原則上，證明墳穴是否真結之地並非難事，其先決條件是能尋龍點穴，次定龍運，然後取向，配合龍、穴、砂、水，則定能掌握吉穴富貴之快慢。

有一些人，學習風水數十年，遍山佈滿腳毛，但就是不肯拜訪明師學藝，結果終不得其法。若是有穴已曾造葬，他可說出其好處，其局之順逆等，砂物之情更是瞭如指掌。

但是，若請他點穴定位，他則不能確定穴之位置。查其因由，就是未能得到全面性之證穴法，須知證穴法有多種，並非獨用一法便成，這必須明白「結穴之整體結構」，才能點穴，若缺乏明師親自登山心傳口授，焉能明白呢！

這次證穴，根本就是考試。古之證穴法，一般有：

「朝山證穴法、鬼星證穴法、明堂證穴法、樂山證穴法、水流證穴法、龍虎證穴法、纏護證穴法、爐底氈唇證穴法，天心十度證穴法、大小八字分合證穴法、乖金相水印木證穴法。」

更有：「太極定穴法、兩儀定穴法、三停定穴法、四殺定穴法、五行定穴法、六合定穴法、雌雄陰陽定穴法、饒減定穴法、聚散定穴法、向背定穴法、張山食水定穴法、枕龍耳角定穴法、指導定穴法、藏神伏煞定穴法、八卦定穴法、流星定穴法、遠取諸物定穴法……」

總之定穴法甚多，但若能明白龍穴之法，證穴法之名目只作方便說而矣。筆者繼大師個人認為以天心十度四應證穴法及爐底氈唇證穴法為輔助法，龍脈以得真氣脈為龍真，兩者配合，就是真龍結穴之證穴法。其證穴法之重點是：

（一）以龍脈之得氣為上，有過峽之蜂腰或鶴膝為真龍，到頭一節有收放之形，有穴星作起頂，氣止之地，就是龍胎結穴之地，以此作收取地氣。

（二）以四應星及氈唇法作墳碑之位置，收取砂水堂局生氣。

一般骨殖及墳碑之造葬法，不外乎內分金及外分金法，其原理是：

（一）骨殖葬在龍脈氣止之處，以得地氣為上，即是內分金。

（二）墳碑之位置以龍、砂及水以定取，收山出煞，以納取生氣，即是外分金。

除怪穴之外，一般之結穴，大部份是內外分金均同一位置，若龍穴有特別之處，方可分作內外分金而造葬。而內外分金亦可細分為兩部份，即是：

巒頭之內外分金

理氣之內外分金

有時候龍穴若使用內外分金，這證明有兩樣東西。

（一）龍穴本身是真結，但有少許瑕疵。

（二）龍穴雖真，必待有高明見識之士點破，始可為用。若功夫未到者，墳穴造葬後，必大打折扣，或是福主福份未夠，欠明師之妙造，以致邀福不多。

這高原結地，正靠武曲金星，側看像八爪魚，武曲星高大有情而脚濶，中間出脈至山腰間，武曲金星具巖巉而高聳，威武異常，多應權貴。

《撼龍經》云：**「武曲之星號一金。卓圭立笏高千尋。定主兵權當韜略。登壇既拜夷狄欽。稜層高聳立屏障。文華秀發稱儒林。簇簇樓臺高且壯。危岩石怪當天地。此地葬之勿猶豫。世代榮貴輝古今。」**

這武曲高聳，正是這樣高原結穴之玄武靠山，而「**卓圭立笏高千尋。定主兵權當韜略。**」便是說明「豎起向皇帝啟奏之笏」高千尋（一尋有八尺高），這形容有武曲金星形山勢高聳作靠，均可孕育出掌握兵權之人。

這高原結穴之來龍由武曲祖山中間出脈而下，至山脚抛出一山丘，丘頂極緩，龍氣剝換，星煞盡化，這墳穴剛點在這太陰金星父母山丘下，是武曲生太陰，金金同旺格。武曲左右二脚在穴兩邊出脈，環迴抱穴，生氣凝聚，唇托層層，乃穴之餘氣，中堂左右二砂關欄，中堂略窩，水聚天心，水由穴前右方倒左，到中間處往前出，前朝有群山山丘橫放，重重疊疊，堂外形成一凹峰，是堂外羅城凹峰，左方有三金成水之圓形山丘，豐滿有情，可惜不能正朝穴場，但卻有情。

前朝眾山丘不高，均在眉與心胸之間，高度適中。奇怪的是，眾山丘之外，有一座大山屏障，剛在凹峰之外，填補凹缺，正如《雪心賦》〈卷三〉內云：

山外山稠疊。補缺障空。

這高山成穴之前朝，墳穴堂外成逆局，四水歸於中間明堂，外逆中聚，穴前唇托頗大，是龍穴之餘氣，妙就妙在這唇托，使內堂脈氣凝聚。在《地理啖蔗錄》〈卷三〉有云：

上有蓋帳可憑。下有氈唇可證。

氈唇即穴前之平地，是結穴後山脈之餘氣，大者曰氈。小者曰唇。因是穴脈餘氣，故又稱「氈唇」，若穴前沒有唇托，真氣未止，定是虛花假穴。

這口訣便是「氈唇證穴法」，或稱「爐底證穴法」，兩者意義相同。

《疑龍經》又云：**「貴龍行處有氈褥。氈褥之龍富貴局。問君氈褥如何分。龍下有坪如鱉裙。譬如貴人有拜席。又如僧道壇具伸。」**

這段經文說明，若是貴龍結穴，穴前必有唇托如鱉裙（即如水魚殼邊之嫩肉），又如僧人拜佛時所用之拜席，均比喻穴前之平地以承托餘氣而為穴所用之地。

這武曲為祖山之高原結地，其龍虎具備，四應星全有。此穴有一特點，其中明堂之白虎方有一砂，形狀秀麗，極像一隻豬，由右而左，橫護穴之右方成一有力之砂手。故此，穴前中堂是右倒左水，水與秀豬同一方而入中堂。這豬砂有情護穴，屬於穴附近之靈物，而穴坐艮向坤兼丑未，艮為「將軍」，故此可稱為：

「將軍戲豬」或「將軍坐陣」穴，以後者之名為美，故取用之，而艮方亦配合武曲金星之威武。

此豬形山屬於貴砂，砂貴人貴，砂賤人賤。凡砂之貴者，即是揖我、朝我、拜我、護我、向我、抱我、秀麗、砂之草木茂盛開面有情及端正美觀為貴。砂之賤者有八種，若穴上能見，皆對穴之後人有不良或更壞之影響。在**《地理大金要訣》〈論砂貴賤〉**一文中有解說。筆者繼大師錄之如下：

砂中有殺人不知。貴賤最難醫。仔細消砂有八。射破探冲押。更兼反斷走皆凶。解說要人通。

射——射是一尖來相穴。徒配何須說。

探——探是斜山少露頭。做賊不知羞。

破——破是浪痕宜透頂。淫亂恣遊騁。

冲——冲是橫來插穴前。災侵自連綿。

押——押是穴前砂崛起。奴僕常反主。

反——反是曲身去向朝。離反永飄飄。

斷——斷是腦下自橫浪。斬首無人葬。

走——走是斜身順水飛。遊蕩不思歸。

砂中有殺要消詳。立穴先須作主張。巉巖高插及射尖。避卻方能免戕殃。」

筆者繼大師解釋如下：

以穴場為中心，外看切忌有尖水或尖砂正沖或側沖射向穴場，外局巒頭不見有山峰露頭，露則成探頭，探頭則出盜賊或小偷。若見砂有破碎、破裂或有痕像浪一樣，則後代易淫亂及遊蕩。

又忌有水沖穴，沖則災禍連連。前砂水不可崛起而欺壓穴場，否則奴欺主。前水及砂水不可反弓，反則眾叛親離。後砂穴星不可掘斷，斷則成斬首之形，易招凶險。前砂及水不可順走，走則人財兩空，後代遊蕩不歸家。

此是惡砂水及賤砂水之看法口訣，宜細玩之。

這「將軍坐陣」穴經筆者繼大師用證穴法引證之，確實是「龍真穴的」之地，立向綫度準確，是筆者首見之高原結地。這穴有少許瑕疵，茲列如下：

（一）由於穴結高原上，風略大，穴前近堂右水倒左，白虎缺乏近砂，雖有遠方虎砂關欄，但仍覺欠高，若白虎砂高一些，其夾耳山便更有力地兜收左方逆水。此是：

枕龍耳角定穴法

（二）由於穴前右倒左水，水過穴中由右方中明堂隱隱直出，總覺中堂過長，水易走洩。可幸者，遠方有矮砂關欄，最遠處又有群峰高聳，發福悠久。

這穴之小瑕疵實不足為慮，其後靠武曲金星高聳，當應出有權力之人（此處有待引證）。點這「將軍坐陣」一穴之地師，其巒頭及理氣功夫均精湛，近代實難覓。

能獲明師點地造葬而又能點取風水佳城，相信福主確有大福份，否則又焉能取得這「將軍坐陣」之吉穴呢！

寫一偈曰：

武曲將軍
穴的龍真
明師造葬
官運飛騰

《本篇完》

將軍坐陣穴面前堂局

將軍坐陣穴後靠武曲金星

將軍坐陣穴青龍砂

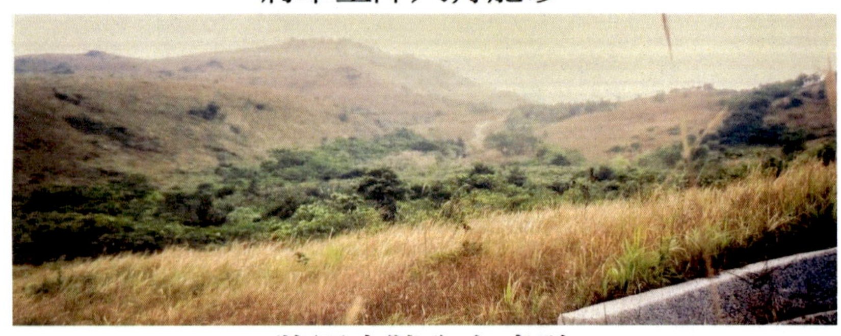

將軍坐陣穴白虎砂

（二）群龍戲珠穴——離鄉砂及元辰水釋義

繼大師

離香港沙頭角不遠處，有一「安金地」（平安穴地），面朝沙頭角海，山明水秀，風景極優美。此墳穴之發現，源於筆者繼大師在學習風水期間，為求考證自己眼力，每到一地，若認為是結地，必牢記在心，一有機會，必引恩師 呂克明先生以鑑別其真偽。是故此穴即筆者交「證穴」之功課。

由於這穴結得頗高，初登臨此穴，以為是未造葬之吉穴，仔細察看，見一古碑，驟眼看去，似像一草堆，非常隱蔽。原來此墳穴造葬於【清】道光 16 年丙申年（公元 1836 年），時值下元八白運，距今(2001 年）已有 165 年了，至少尚有香火。

墳地由於近中港邊界，其來龍祖山是深圳梧桐山，經伯公坳上紅花寨，至紅花嶺（492 米高）成近祖山。

此墳穴結在紅花嶺南麓約高一百米處，墳碑生乾向巽，穴星並不明顯，是中間出脈，龍長虎高，穴前右水倒左，雖然龍方不高，但穴之夾耳俱備，青龍砂長而直出，落至山下平地而反弓，剛好在反弓處建有平房，把反弓之砂消掉，化煞為用。若反弓之砂出現在穴場範圍，則後代多主離鄉發跡。

在**《地理人子須知》〈卷五下 ── 砂法〉**有云：**離鄉砂者。順水飛走無復關欄地。凡上下臂交過者。須要外一重有下手回轉攔住方好。若外重無承任。只是過身乃離鄉之應也。**

此段關於離鄉砂之解釋，筆者繼大師述之如下：

（一）穴前有山脈由高至低而下，漸漸遠離穴場而去，是砂走水走，必出離鄉之人，若遠處沒有砂水關欄則人財俱敗。

（二）若穴之左右有砂反弓而去，外重又沒有龍虎二砂關欄，亦主離鄉而去。砂反即水反，屬於無情之狀。

由於穴結略高，穴前左右有雙水長長而下，相交於穴前之山腳下，正是「蝦鬚水」。若雙水濶而寬，則名曰「蟹眼水」。其分別在於窄而長及寬而濶。若無雙水交於穴前，則結穴不成，真氣不聚。由於雙水交於穴之龍虎砂內，左界水深於右界水，斜陡而交於遠處，幸而穴前不見，這名「元辰水」。

在**《地理大全要訣》〈卷四 —— 水法論元辰〉**有云：

元辰水者。龍虎之內。穴前合襟處也。不拘水流乾流。皆謂元辰。切忌傾走。龍虎泄氣。必須左右有砂摺回欄截為美。

此穴正是龍虎內之乾流元辰水，雖於穴前直出至山腳，但遠處前方有一座高山欄截，不至真氣走泄。而穴之龍砂雖長，但極有力，且是穴之逆水砂，兜收乾流水氣，這正如在**《雪心賦》**有云：

元辰水當心直出。未可言凶。外面（指前山）**轉看橫闌。得以反吉。以之界脈則脈自止。以之藏風則風不吹。**

穴前方是右倒左水，又有高山一座，水滙入遠處龍方外堂，中堂一大片平地，綠草如茵，成為穴前中明堂之大氈唇，平地盡處有一山丘由穴之青龍遠方山脈落下，山丘一大一小，橫截中明堂之氣，成穴之羅星逆水砂，連接着沙頭角海。海之對岸，群山環抱，眾龍脈皆以沙頭角內海為中心，內海成穴之外明堂，正是群龍聚首之地，近穴之中明堂大草地海邊，有一小島，圓金而秀麗，樹木茂盛，冬季為候鳥棲居之地，小島本為有情，群山環繞，像一粒明珠，穴中俱見，故此穴可稱為：

群龍戲珠穴

穴雖喝「群龍戲珠」，但此穴確實是一平安地，龍是真結，但稍欠氣勢。堂局優美，其好處是：

（一）明堂多重 —— 在龍虎砂內有內明堂，而內堂緊聚。中明堂廣濶有情，綠草如茵。外明堂是沙頭角海。明堂重重，發福悠久。

（二）下關砂有力 —— 內龍砂長而有力，龍砂夾耳高聳，為第一重下關逆砂。中明堂青龍方有兩山丘橫列，為第二重下關逆砂。眾下關砂均有力。

（三）朝砂高聳 —— 在沙頭角海盡處，有群山環繞，群峰羅列，俯伏朝穴。一般結穴，若穴結高則朝山高，穴結低朝山則低。《疑龍經》云：**「真龍隱拙穴難尋。惟有朝山倖心。朝若高時高處點。朝若低時低處針。朝山亦是有真假。若是真時特來朝。若是假時山不來。」**

若穴是真結，其高低位置定與朝山互相配合。這朝山來朝拜穴場，顯得穴更具貴氣。

（四）羅城緊密 ── 外堂羅城密，群山環繞，不見來去水口，外明堂真氣全聚於沙頭角內海，亦是水聚天心格局。

（五）有特朝 ── 羅城朝山之外，有一山高聳，其中一峰生出羅城凹峰上，正是穴之特朝。

群龍戲珠穴雖美，但仍有缺點，筆者繼大師述之如下：

（一）穴前近白虎方有大山一座橫列穴前，正是送水砂。可幸者，是極為有情。

（二）外堂偏於遠處青龍前方，堂局與穴之本身龍虎砂不配，未能就局。堂局雖美而不能全為穴所受用，此一大遺憾也。

（三）朝山雖遠，亦有特朝之山峰，可惜山峰略偏斜右方，不能端正朝穴，這山峰正是文筆秀峰。

（四）來龍雖長而中間落脈，但龍脈平庸，變化不多，只是平平而矣。

綜合以上缺點，這群龍戲珠穴只是平安穴地，雖龍穴不甚真，但已屬難求之地。這小節瑕疵，不足為忌，而這穴造葬後一百六十多年仍香火不絕，甚是難得。

寫一偈曰：

群龍戲珠

堂局氣餘

尋龍點穴

引證真如

《本篇完》

群龍戲珠堂局　　穴之青龍砂

群龍戲珠穴之來龍、堂局

堂中之寶珠

(三)祖墳之異數 —— 捲簾殿試格

繼大師

有一位業餘風水師，(簡稱「業師」)，在學風水期間，很想把他所學的，應用在他自己的祖先上，並不是想發富貴，只希望他的祖先安穩快樂而矣。

有一年他回鄉祭祖，發覺太公和祖父及其兄弟共七人，全葬在一籴形(太陽金)山丘中間上，後面是大山一群，來龍山脈重重疊疊，脈左右迂迴，由白虎後方而來，並連到這金星丘山之上，而山丘後方是一塊小平田，而附近之山崗(約五六里範圍內)全是山墳，原來是太公墓。

據他母親說，這地約在八十年代早期，由他鄉下約卅多歲的叔叔「來叔」選地遷葬，來叔亦非常喜歡風水，但只是自學，並沒有真正拜師學藝，他膽子真大，就在寄佘之地上坐一坐，感覺舒服、好，便把全族人之祖先葬下這地。

首先，論巒頭來說，有好有壞，其好處是：

（一）來龍之山脈重疊而來，山形圓厚，全屬土、金形山丘，所謂：「山肥人肥。山瘦人瘦。」而樹木極為茂盛，生氣勃勃，其來龍之勢是橫排而一層層重重疊疊，其來脈正是由白虎方行龍過脈，正是「捲簾殿試格」。**《風水二書形氣類則》〈卷一之龍法類〉**有云：

捲簾殿試格。一邊枝腳長。一邊本身無腳。從少祖帳角分一枝護送到頭。此格極貴。當察其剝換以定之。

此龍脈到頭一節起太陽金形丘，而龍氣旺盛有情。

（二）因墳穴葬在金星山丘上，氣純而厚，穴星有情。

（三）白虎砂是土形星，頭帶金，有情護穴，是逆水砂，穴星與白虎砂之間，有一界水由後方流來，因是捲簾殿試格，剛好龍氣由白虎方而來，界水亦在白虎方出，正好把氣分割，使龍氣更專更盛地到金形穴星山丘上。

捲簾殿試格一

捲簾殿試格二

穴前明堂水聚天心三角形水塘

（四）穴前有一水塘，前有青龍砂作案，青龍方遠處是低砂，近處是平田，水由遠方青龍而來，水入懷而聚於面前明堂，是水聚天心。

此穴墳之壞處是：

（一）青龍砂遠而矮，包護不力，有少許凹風吹穴。

（二）白虎砂雖有情而逆朝，而其形態像一條眠牛，但可惜其頸部有一條山路開鑿，剛好纏其頸部，此路已開多時矣，而山中葬有很多墳穴，其中一穴，正葬其腹，是眠牛地。據來叔說，在國民黨時期曾出一將領，正是此眠牛地之後人，後來這將領因貪污而遭處決，不知是否與這「路繩纏牛頸」之格局有關，但無論如何，砂物受到破壞是不吉的。

（三）穴之白虎邊有界水由後方流出至穴前，其界水頗深，因接近穴星，實有割脇之嫌。

（四）明堂面前有水塘，近穴墳而蕩，穴墳又沒有唇托兜氣，故是割腳水。

（五）穴前雖水聚天心，但可惜是三角形之火煞，所幸者是火嘴向出，又有一小橋橫過火嘴尖的之處，否則，易損人丁。

奇怪的是，此穴由來叔把金塔放下不久，來叔便得了精神病，神智不清，時常胡言亂語，終日囉嗦不停，亦曾到香港看精神科醫生，吃了藥後情況有所改善，但已是半個正常人，而業師父每每有頭痛之患，且有牙肉發炎、牙痛、脾氣大之毛病，這是屬於火煞方面之影響，更甚者有頭髮脫落及血壓高之症狀。

於一九八七丁卯年初，業師父親突然心血來潮，為了使房子之廳堂更大而實用，竟親自把房子之磚牆打破，在房子重新裝修後約大半年，業父不幸於晨早因爆血管而半身不遂，午膳時，全家人開家庭會議，並商量如何照顧業師父親。

各人懷着悲傷心情回家，未幾業師於黃昏與妻子到醫院探望父親，看見護士正用一個白色大布袋，把業父整個身軀包起來，業師一個飛身上前，正當白布未裹頭之際，伸手便按着父親之頭，彷彿還有少許溫室之感。據鄰近之病人說，約在下午申時，業父之血管再爆，即時歸西，那時業師將父親土葬，並沒有依風水或擇日而造葬，一切隨緣而作。

業父死後兩年，業師始回鄉祭祖，順帶看看祖墳風水如何，一看之下，發覺其向度是坐酉向卯正線（坐正西向正東），正是犯大空亡及黃泉八煞，雖然沒有墓碑只是寄金（即只放金塔在地上面），但仍有一小塊青石作記，小青石亦是卯酉正線。

回港後，業師急忙追問他的風水師父，說及堂局有火煞水，應如何處理。誰知他師父說：「火形水，水流出尖處，又有小橋關鎖，未必全是凶，如果不是太近，應該是倒地文筆。」

當時業師為之愕然，以現時風水學上之知識，可解說如下：

（一）火形水煞 ── 前砂應二房，而業父剛好是二房，有頭痛、牙痛、牙肉發炎、高血壓及脾氣大之症狀。

（二）火形水是倒地文筆 ── 因水流木形水塘尖處之小橋而出，水流潺潺，後代雖不出文人，但竟然出一位古典音樂作曲家，真奇妙也。

（三）太公及祖父之山是酉山卯向，而正卯方之水形火煞，正應二房（業父），其死亡之年份正是一九八七丁卯年辛亥月，卯向有煞竟應卯年亥月，是「亥、卯、未」三合方及年月之時空關係，真是一點也不假啊！

若然祖墳之山向不是空亡煞線，宅有以下層次劃分所應之事，例如：

（一）卯向收當元旺水局，則後代之音樂作曲家必名成利就，出名而利厚，財帛豐富，世界知名。

（二）卯向收當元水煞局，則二房多犯桃花，離婚及色情等事，因子、午、卯、酉之水正是桃花水。

（三）巒頭之火煞水向外，穴星是太陽金星丘，是火剋金，當應後代子孫有頭痛之患，又出人囉嗦長氣。

但是，此向正是最差之線度，應二房（業父）爆血案及屬火形性質之疾病，而應當在「亥、卯、未」之年月，真是半點不由人，命也？運也？關乎因果？而墳前有割腳水，則後代何能積財呢？

此事過後，業師一直很想回鄉找地給祖先，但一直被叔叔們所拒絕，他們的理由是嬸嬸生子，不宜遷移祖山，但是今年這嬸嬸生子，明年那嬸生子，結果沒有機會，但是一到業師妻子懷孕期間，他發現妻子痔瘡有事及身體有少許不適。

懷孕三個期間，鄉間傳來消息，謂一天某叔叔「強叔」正回家（鄉間家裏）吃飯，電視新聞謂在「亞婆田」處某地之山坡要削平移除，並將建火車路軌，山丘上之墳骨即日內要移走，否則將骨殖及金塔丟掉。

強叔一看之下，原來那處便是自己祖先之山墳所在地，立刻連工也不開，便一人把七副骨頭搬往別處，真是不幸中之大幸，原來政府一早已發放消息，要收回山坡用地，作發展建設，但業師鄉間之叔叔們一直沒有理會。

業師一聽此消息，大為驚駭，恐傷胎兒，連忙勤修密法迴向，一面作行善功德，另外再寫信求密教之根本上師加持及賜符，最後總算母子平安，但兒子生下數月，業師妻子體內生有膽石數粒，結果開刀移除，總算是不幸中之大幸，災難難免。

人算不如天算，業師起初回鄉祭祖時，發現有一吉穴，是鯉魚過水穴，位置在小山丘之正後方山脈處，而小山丘便是業師祖先所葬之地。

換句話說，祖先地之小山丘便是鯉魚過水穴之案山，其山丘與穴之間是平田，四面環山，龍虎環抱，四應星齊備，羅城緊密，土形山穴星，中間落脈開面，來龍山脈重重而下。

業師正想伺機造葬，但一直等待機會，真慶幸沒有把祖墳造葬在此穴，若然葬下，前案削去一半之山丘，子孫劫數難逃，好像一切已有安排，半點不由人，筆者繼大師對造葬墳穴之事有如下之見解：

（一）懂風水造葬之地師，未必一定能把其祖先葬在的穴之處，由於國家法例問題，不能隨意遷葬，縱使能點穴，而英雄無用武之地。

（二）個人之福份問題，縱使自己是地師，若無福份，仍不能把自己祖先葬在的穴處，呂師常言，賣花姑娘插竹葉，實有因由。

（三） 縱使能將祖墳造葬在吉穴處，而附近山脈，一經發展而遭破壞，則凶事立見，尤其在發展中之國家。舉一例子如下：

有一風水師與陳姓之福主造葬，其墳穴重修之向度為辛山乙向，福主為二房，年命亦是辛命，向度亦為當元旺向，地師對福主說：「此山墳在重修後會大旺於你，但依你面相看來，福份還欠很多，但你可發願作行善功德，則福自長久，而且作善業功德不可停止，汝願意否？」

陳福主跪在祖墳面前發誓說：「既然這樣，自當發願，有生之年，捐款濟貧，樂善好施，一定！一定！」

祖墳造下不久，約兩三年間，生意由原來之幾佰萬發展到過億身家，但福主始終未曾作過任何善舉，一日忽然政府在大陸收地開山發展，把整個山崗移去，剛好這山崗就是陳姓福主之朝案山丘，未幾，陳福主於辛未年辛丑月駕車回公司途中，發生交通意外，與對頭車輛迎面相撞，頭部嚴重受創，一命嗚呼也。

從這事例看來，每個人之福份似乎有一個定數，強求不得，如不修福修德，富貴亦不長久，福份一下子給取盡，所以福份不夠之人，切不可強求風水吉穴。

話說回頭，業師祖墳被強叔搬到一個山崗約四份三高處，前山逼，龍脈陡斜，更談不上是安金地，比起先前之小山丘更為差勁，業師一見形勢不妙，即等待時機待遷葬，而業父死後便葬到公墓處，一切不能選擇，只有聽天由命！

而業父所葬之處便是前山逼來及欺壓，當應二房，正是業師本人也，他當時心境很看不開，感覺壓力很大，自卑心強，思想不清晰，不尤自主地產生悲觀之思想，時常頭痛，心很灰，但是業師唯一能做到的，就是堅持每日一修真佛密法，誦經持咒及觀想，而且每月定期出錢放生、印經書，業師並希望頭痛之病得以減輕。

業師於一九八八戊辰年，甲子月，乙卯日，丙戌時，駕一輛小巴，一家人遊玩，當時業師三歲的女兒一直吵着要坐着車頭座位之上，業師妻子勸她，她仍吵個不停，業妻突然心血來潮，一手便把她女兒抱回車中間坐位上，正當晚上回外家吃飯時，車子行經黑暗路上，為了閃避一隻花貓，一不小心，竟然把車子撞着電燈燈柱上，左邊車頭全凹了，業妻頭破血流，雙腳中間處亦受傷，業妻女兒左下邊四隻牙全破掉，在一片血淚聲中驚叫，要是業妻女兒坐在車頭，真的一命嗚呼，甚幸！甚幸！。

業師本人呢？一般來說，如此車速而路上竟沒有煞車之痕跡，則駕車者至少一定雙腳會折斷，但奇怪的是，車頭凹下的位置，剛好凹貼業師雙腳，而一點損傷也沒有，業師驚魂未定之下，一開車門飛身下車，呼！一聲，把車門關上，連忙拯救家人。

剛好路上有一善心途人加入拯救，業師很快地把家人用計程車（的士）送往醫院去，很快交通警察到場向業師調查及錄取口供，當回到失事現場，竟不能把司機車門打開，交通警察感覺奇怪，業師是如何能夠打開車門而自行逃生，他自己也莫明其妙。

深夜裏，業師錄取完口供，而三人出遊，只有業師一人獨自回家，業妻及女兒均要入院留醫，心情難免哀傷，業師想想是自己之疏忽，無奈地自責，整夜也難眠，剛好是聖誕節之翌日（BOXING DAY），大大破壞氣氛。想一想，幸好業師自己一點兒也沒有事，真是不幸中之大幸，幸好業師女兒沒有破相，牙齒亦可生回，而業妻頸部亦有後遺症，二十多年後始醫好，這總算過了人生一劫。

數年過後，業師一直想把鄉間之祖墳重新遷葬，決意回鄉看看祖墳如何，結果在堪察完後，發覺缺點有不少：

（一）下葬之山崗陡斜，而寄金之地方在山崗四份三高處，並且在右側之地，龍氣未化。

（二）前山逼而略高，其高度相若額頭之處，有欺壓之感。

在堪察其間，業師發現在此山崗中間落脈處之下方，尚還有一處吉位，其好處是：

（一）有來龍後靠，龍氣旺盛，靠山眾多而層層疊下，龍虎護砂亦有。

（二）前面正對出水口，在中堂處有龍虎二砂互相雙交，水走「之字」，不遠盡處，亦有朝案關欄，穴前不見有出水口，此砂即其下關砂。

雖然此地不是真龍的穴，但亦算是平安地（安金地），並無凶煞。業師決定盡快與他的叔叔們相討遷葬之事，由於該年與其坐山向度，剛好正沖太歲，只好待後一年，他與眾叔叔們相討時亦困難重重。

正當擇好吉日準備掘下所點之處作預留用地之際，業師臨出門前一天，竟收到另一位在香港之叔叔來電阻撓，語氣粗怒，並謂要修理業師一頓，又說尊卑不分，太公之地是屬於眾人，不容隨意遷葬，為免紛爭，業師只好放棄這決定，但仍然回鄉把心願說於叔嬸們聽，業師自覺：

（一） 已盡了作為子孫的一個責任，將業師自己所學的風水知識用於祖先之地。

（二） 而完了業師自己在可能範圍內所作的事情，責任已了，至於將來他的祖地如何，則聽天由命！

數年後（一九九七丁丑年）鄉間傳來消息，該處政府有令，土地重組，劃分土地使用用途，業師祖墳穴地之山崗所有墳墓，必須遷出並另覓他處，而鄉間各叔嬸則另聘當地之風水師造葬在指定之公墓處，這是：

風水吉穴人人愛
費盡心血祖墳蓋
那知半點不由人
吉穴豈能萬萬載

有心種花花不栽
但由命運任割宰
縱有本領何受用
懇請老天勿降災

祖墳之異數，真是聽天由命！

《本篇完》

穴前堂局

穴前青龍砂

穴前白虎砂

穴前遭破壞的案山

（四）祿馬貴人穴 —— 順水局釋義及雙腦穴法《附論平陽龍註釋》　繼大師

香港新界粉嶺一帶，集合了高山、小山、山丘和平地等地形，一般在廣東及廣西一帶，其地形稱「兩廣丘陵」，是綜合了山崗龍、平崗龍及平陽龍等結穴，在粉嶺範圍中，葬有不少平陽穴地，大部份是由來自北方中原一帶地師之手筆。

其中有一穴地，近打鼓嶺，其來龍沿深圳梧桐山祖山過脈，從近沙頭角至紅花嶺再起少祖山，到近打鼓嶺處，有很多平田及小山丘，這平陽穴就葬在一小小之平丘上，極不起眼，而這平陽穴地之來龍，沿數小山丘而下，極不容易發現。

穴之白虎方是高山，亦是來龍之山，其山護穴成穴之白虎峽耳，穴之青龍方，亦有一小山丘，成穴之青龍方護砂，穴前青龍方有一護砂環抱穴場，兜收逆水，穴前明堂廣濶，是一凹下之廣大平田，約在三佰米處有數小山丘朝穴，再遠處亦有青龍矮砂兩層橫欄朝穴，羅城環抱，並沒有穿崩破壞，由於穴結平坡小丘之地，穴低而朝案亦低，兩者成正比例。

穴雖不是大結，亦可稱為安金地，筆者繼大師解釋此平陽穴地之好處如下：

（一）四應星齊備 —— 白虎砂高而遠，青龍砂矮而近，而近穴處有眠體金形水星抱穴，水流到穴前近明堂而出，青龍近砂矮長環抱中明堂，且兜收逆水，玄武遠處亦有山丘作樂山，天心十度齊備。

（二）明堂廣潤 —— 由於穴在平丘之上，內明堂被龍虎二砂緊抱，生氣凝聚，中明堂廣潤，所有從穴後方及白虎方之水，均滙入中明堂，由於中堂是凹窩平田，形成水聚天心格局。

（三）順局 —— 由穴場看前方遠處，雖中堂氣聚，但在審察穴附近之地勢後，發覺水是由穴附近及白虎方滙入明堂後再往外堂青龍方而出，玄武後方有平地水流，與穴前一水相滙後流出至深圳河，經文錦渡、羅湖、落馬洲、新田、米埔出至后海灣。

依結穴及附近各砂之大局看來，是順水局，水流流過明堂天心處，在遠方青龍砂而出，理應是遲發之局。

這「順局」不同於「水走格局」，筆者繼大師解釋其最大之分別是：

水走局 ── 穴結位置高，水直流離穴而出，在明堂上沒有凹窩之地，生氣不能聚於天心，穴面前朝山沒有關攔，如條條砂直長而去，這砂走令致水流流走，氣亦散去，朝砂矮而出現在穴之極遠處，龍虎及玄武山又高，其大勢必順走無疑，雖在極遠處有矮砂橫欄，亦沒有多大作用，這樣的格局，必出窮人及離鄉之後代。

順水局 ── 穴不論結高或低地，四面山群高低成正比例，唯穴前及左右之水流順出，但遠處有砂橫欄朝穴，雖是順水，最後遠處有群山關欄，真氣必止於朝砂之前，這就是順水局，穴應遲發，倘若關欄之山重重疊疊，則遠數代之子孫亦發長久。

（四）有特別之砂作朝案 …… 穴前遠山朝案是雙金成水形，正是馬鞍案，古云：**「馬鞍對凹。常出英豪。」**在《地學》〈卷一〉有云：

「馬鞍本連金斷。以凹出為正。若一頭入一頭出。只算行龍節數。或作維城帳幔。不足為奇。」

這馬鞍中間之凹位上，從穴上剛好看見有一小金形山，是馬鞍上之貴人砂，可惜這貴人砂太矮小，只應後代出馬卒（拖馬之小兵），或當軍而職位不高，若然馬鞍上之貴人峰高大，必出將領無疑，若然馬鞍有頭尾可分，亦是出現在來龍之間，這只算是行龍中之節數段落。在**《風水二書形氣類則》〈砂法〉**類有云：

「馬上貴人 — 馬上主貴。若馬大而人低小。出馬卒。」

如果「馬鞍砂」是結穴之父母星辰，穴多結馬鞍凹位中間之下，但結穴條件是不能犯界水，其次是父母山馬鞍之凹位，中間後面必要有樂山作穴之後靠，否則，穴必受凹風掃腦頂也，此乃點馬鞍穴之法，而馬鞍山形亦有變格或作類似之形狀，現將《地理人子須知》〈卷三下〉〈穴法〉之〈金星穴諸格〉解釋如下：

扳鞍 — 頭高頭低而中凹之結穴。

擔凹穴 — 雙腦同高而中凹之結穴。

雙金扛土穴 — 雙腦同高而中間凹彎之處結穴，即香港新界趙氏祖墳〈雙金扛水穴〉，又稱〈凹腦天財〉。

另外，如點此類形之穴，最容易觸犯水煞，雖然凹腦中間後有樂山，但只要凹腦中間有微微界水而下，則是犯淋頭水煞，易犯亂倫邪淫之患，此點最不易察覺。

（五）馬下貴人朝砂 ── 穴之遠朝馬鞍案下，有一斜土金形小山，比馬鞍朝案為低，層疊而下，是土生金水朝案，此砂在穴中看去，是相連之狀，且在中明堂盡處，若然此矮砂單獨出現中明堂近穴處，則犯眼疾及墮胎之應，不可不知。

（六）白虎前砂帶倉帶庫，砂肥而厚，吉砂也。

此平陽穴，因朝案有馬鞍及案下貴人，而馬鞍上亦有小金形山丘，所以取名為：「祿馬貴人穴」。

穴之缺點如下：

（一）來龍由後方白虎砂之山丘來氣，穴星不高，後靠不夠，幸好父母金形山頂上有竹樹一叢，補其不足。

（二）青龍砂矮而不高，白虎砂高大肥厚，幸好龍砂環抱護穴。

綜合以上各點，此祿馬貴人穴不過不失，亦沒有犯形煞，故此是為安金之地，但在一般人眼中，只是路邊「一突」之墳穴，沒有什麼特點，必定茫然不知其何意，豈料此等平陽龍穴，其在確認上是屬於第二級難度，較山崗龍穴法為難。

在廣東一帶並不多見，懂此等穴法之地師甚少，而「平陽龍」與「平洋龍」雖有陰陽之分，但其結作原理是相通的，現節錄由唐國師楊佐仙著之**《點穴大全》**中之**《論平陽龍》**如下：

論平陽龍——夫平陽之龍。骨節開闔。脈脊貫串。無貫高山。亦有兩邊分合。隨龍之水。惟性情稍有不同耳。高山之龍脊脈顯。然性情在露陰而易見。平地之龍脊脈深沉。性情在隱。陽而難見。故結穴亦有明晦。不可一律陝汴齊魯（即陝西、河南及山東）**北方之平地也。**

蘇松嘉湖（江蘇、四川松州、四川嘉州卽樂山、湖南、湖北）**南方之平地也。又難概論。北龍山勝於水。故當偏就氣。專就水。南龍水勝於山。故當偏就水。專就氣。氣體也。故生人強壯。水用也。故生人富饒。此南北之平地。互有長短。而不能相兼也。**

以上之說法，筆者繼大師可解釋如下：

在平陽龍中，其山脈在連貫上，大體與高山之龍脈沒有多大分別，但其性情略為不同，因為高山之行龍，山脈容易確認，高而明顯，尋龍點穴易，因其山脈眾多，而水流比平洋龍較為少，所以以山之氣為主，即黃氣，山之氣盛，則人丁生旺，此乃山之地氣所影響。

而平陽龍在平地中行龍，在分別上難確認，多在平田中穿田過峽，或結穴在平坡上，深沉是界水，略高之地即龍脈，平地龍脊氣脈隱晦難分，其高低位置須小心確認。

雙坑夾龍氣而行，即同雙水夾龍脈之原理相同，其結穴多取略高出之平坡或小丘上，較山崗龍難於尋覓。而以上之《論平陽龍》是指一大片平地上，包括平坡、小阜、山丘、凹地、水流等，而一大片平地之四週，是有高山環繞，其山之範圍，肉眼在附近皆可見。

這祿馬貴人穴正是平地中之一突，四週有山環繞，而定針之地師是廣東揭西縣五雲鎮之彭守丕先生，至於點穴之地師則不詳，穴坐巳向亥兼巽乾，而懂這平陽穴法之地師不多，穴地亦可遇不可求，能夠遇到這樣之地師，又能受用這平陽穴地，真是多生修來之大福份。

寫一偈曰：

平陽不與高崗同
龍穴砂法理相通
四應一突最為奇
點取穴位要適中

《本篇完》

祿馬貴人穴

穴前堂局（現已建滿村屋）

祿馬貴人穴側之倉庫砂

祿馬貴人穴側之貴砂

（五）假馬上貴人穴——風煞、單寒及漏胎之看法

繼大師

在元朗丫髻山附近一帶，葬有不少墳穴，在玉女拜堂穴之白虎「傍祖幛」之脈上，有一穴地可作研究用途，此穴點在一山脊上之小山丘下，是土金形父母星，來龍氣脈由白虎方來，到此土金星丘處，有兩脈而下，一由土金星之青龍落脈作護砂，另一脈則由星辰中間落下。

此墳正葬在中間脈之寬緩處，距離星頂約十多英呎，而青龍砂亦護穴，青龍砂外是深窩之坑，亦是此穴星山丘之盡脈之地，穴塲對面，有一雙邊略高而中間有凹位之近穴案山，正是一支由右走向左邊之「長面走馬」砂，穴前右水倒左水，走馬案中間凹位處，可見一遙遠之高峰，眾火形星矮而一火獨高，正是：

龍樓亦華表。走馬案外照。青山焰火列。馬上貴人峭。

此貴人峰正在走馬之上，因而喝名：

馬上貴人穴

此穴在審察之後，發覺並非真龍結穴，筆者繼大師認為馬上貴人穴之缺點如下：

（一）穴受一定之風煞 ── 穴星是山脈脊上之山丘，由於其高度頗高，顯得青龍砂之高度不足，不能完全守護吉穴，龍砂外是深窩之坑，外砂很遠，吉穴受龍方之風煞，僥倖受風煞之處是順水方，若然在逆水方，其風煞尤甚，《地理人子須知》〈卷四上〉〈穴法凹缺〉云：

凹缺者陷低缺也。當立穴之處。貴其周密遮障。忌其左空右缺。若適當穴處。凹缺折陷。賊風射穴。最為不吉。主人丁絕滅。左長右幼受禍。……亦有似凹缺而非凹缺者。本身龍虎或低或陷。而外山輳集補障。則無所忌。

此穴正犯龍砂不足，而外砂亦無力護穴。

（二）穴犯單寒 ── 由於墳穴在高地，脈在山脊間，星頂不高，後無靠樂之山，青龍砂欠缺，是為單寒之地。**《地理人子須知》〈卷四上〉〈穴法單寒〉**中有云：

單寒者孤山獨龍。四面無從。或臨穴孤露而不藏聚者也。楊公云：龍怕孤單穴怕寒。故立穴處貴其周密煖固。而忌其單露孤寒也。凡孤寒之穴。主貧窮孤寡漸以絕滅。不但門戶衰薄而已。此最為凶。不可不慎。

以上之說法，正是此穴之寫照。

（三） 墳穴漏胎 — 穴點在星辰中間落脈放緩處，穴在較平之地，在穴對面近案山處觀看，只見墳穴前有一餘氣之脈正出，成弧狀凸脈，墳穴青龍侍砂，只包拱到墳穴之處，餘脈突出而露，正是漏胎之格局，而漏胎即脈露而突，直氣不聚。

《地理人子須知》亦云：

突露者當穴處不藏聚而突露受風也。突露穴多是單寒龍。蓋龍孤則生氣不來。穴露則生氣不聚。

此穴正犯這毛病。

（四）馬案砂走竄 ─ 穴前案山形象像一隻長面的馬，馬由右向左走，其右方馬腳撐出，有走竄之勢，這案砂由右走向左，但青龍砂不夠高，不足以兜收這走馬砂。

煞是奇怪，點這穴之地師是非常有心思的，如果穴點高少許（約一、二呎），即可在墳頭上見右方有探頭砂（**即有山在案外遠方，而在穴上只見其山頂部份**），但若然點下少許，即不見探頭山，但青龍左砂便不能包拱墳穴。

這位置甚為準確，由於穴有以上四大缺點，筆者繼大師不敢取用，雖然有貴人朝砂，是吉少凶多之地，這純屬個人見解，要求標準不同，雖然此墳穴未能達到標準要求，但亦有少許優點，茲述如下：

（一）案外貴人砂 ─ 在穴前之走馬案山之外有遠山高聳照穴，大貴之砂。

（二）左砂有情 ─ 雖然左方龍砂低，但總算剛能包拱墳穴，此砂是這穴之靈魂所在，吉凶關鍵之侍砂。

（三）案山朝穴 ── 墳穴面前之走馬案山近穴，氣緊聚穴前，古云：「有案速發」，雖然馬案由左向右左竄，但還是「好形勢」之案山，雖不能為墳穴所盡用，是謂「有形無情」，即《千金賦》云：

砂不論格而論情。若是我砂。面前無不回顧。

這走馬案山就是無情不顧穴，若然馬頭翻側回朝墳穴，則是有情，但這近案馬山，還是有它的好處，總比沒有案山為佳。

綜合以上所論，是為吉少凶多之地，先發後敗格局。

這「馬上貴人穴」在一般人眼中，認為是極貴之地，並大加讚揚點此穴之地師，認為他功力非凡，但是，若然在這一帶之地，此穴的確較為優勝，在無可選擇之情況下，只好選取此穴地。

這並不表示點此穴之地師功夫不夠，而是極有局限；相反地，如果將範圍擴大，選取地方沒有限制之下而點這穴，則眼力遜色，功夫仍未合格，這要看個別情況而定，不能一概而論。

寫一偈曰：

馬上貴人祿馬佳
欠缺龍砂抱穴敗
星辰單寒無從勢
脈下餘氣漏胎懷

穴高一些探頭見
穴低一點氣更壞
馬高人低走卒應
馬走人離損丁敗

《本篇完》

（六）金環穴 —— 穴之三種

繼大師

在新界各地，有不少大姓名墳，其中鄧、文、廖、曾、李、趙……等姓，均佔有不少名穴，在西貢一高原山上，有一廖姓古墳，屹立在山丘下，墳穴(2001年)雖剛好再重修完，但上次重修日期已是1923癸亥年了，相信此墳穴已達百年以上，碑上所刻子孫已達第九代，歷史悠久。

此穴是娥眉太陰金星起頂為穴星，在娥眉星之青龍方落脈，脈至山腰近腳處作穴，來龍由青龍方作祖，經金水、木、武曲金之祖山，最後至娥眉穴星。此穴之結作並非真龍結穴，其原因是：

（一）非中間出脈 —— 穴由娥眉穴星之青龍方出脈，不能盡得真氣，只是傍枝氣脈。

（二）星頂不正 —— 由於在娥眉穴星之青龍方落脈，墳頂不能正靠太陰金星正頂。

（三）龍虎不均 —— 這青龍砂作穴，白虎砂略遠，青龍脈貼穴，雖左右二砂不均，但在穴上尤不覺。

（四）穴坐下略低 ── 此穴作得較低，雖不致犯界水，但若造葬不得法，必致蟻水侵棺。

在蔣大鴻先師所著天元餘義之真穴辨中有云：**若不得真穴。雖不剖破**　。（指太極暈）**蟻水安免。既得真穴矣。剖破**（指太極暈）**正所以接脈。接脈正所以避蟻。水又安從浸棺耶。**

這段經文意思是：「若不得到真穴，雖然未曾破穴暈（地質略佳之範圍），則蟻及水侵棺又怎能避免呢！既得真穴，造葬能正中太極暈中而能接脈，能接脈則可以避開蟻，水又何能浸棺呢！」

這即是在安金之地（平安穴地），巒頭雖不致犯煞，但若造葬不能接脈，則不得地氣。此穴雖得地氣，但若立向錯誤，亦能招蟻水浸棺。這是接脈接氣法，比起真龍結穴之造葬功夫還要深呢！

此穴穴星雖是娥眉星，但遠看像一金環，故可稱之為「金環穴」。

金環穴雖然不是真結，但它有下列好處：

（一）略有氣脈 ── 雖不能得中脈之氣，但亦得金星落脈支氣。且氣脈有丘阜，穴貼山丘上，亦得龍脈傍氣。

（二）龍虎備 ── 穴貼金環之龍脈山丘中，遠處有山峰高聳，穴之虎砂重重疊疊，龍虎守護有情。

（三）下關有情 ── 來龍由左後方來，是橫龍作穴，貼脈取氣，穴前左水倒右，白虎方呈現金水形，兜收下關逆水。

（四）一字朝案 ── 穴前一山脈橫欄成案，正是橫欄一字文星案山，橫案雖高低不一，但仍主文章出眾。

金環穴屬接氣穴法，亦稱為「迎接之穴」，山崗龍法中有三種穴，一曰：「孕育之穴」，是真龍結穴；一曰：「迎接之穴」，是傍枝傍脈接氣之穴；一曰：「邀奪之穴」，是真龍初發之脈所結之穴。

在**《天元餘義》**──**〈真穴辨〉**，有解釋這三種穴，玆節錄如下：

孕育之穴 — 夫孕育之穴。結聚之穴也。或腰結。或大盡。真龍特出。變化無方。有奇脈。有正星。不是石函。須見太極。此穴至美。而或以醜拙出之。故最不易識。葬之者視其局之大小。決其福之厚薄。苟非世積陰功。忠孝節義之家。不輕指點。此穴中第一格。

迎接之穴 — 迎接之穴。不必真結。而亦此山旺氣。變動生發之機也。或起息肉。或掛流神。扦之一法。迎其旺氣。接其生機。故日迎接。不見石函。亦無太極。只要其土潤澤堅凝。便為消息。亦可富貴蕃息。斟之酌之。亦真穴。

邀奪之穴 — 邀奪之穴。龍身之穴也。真龍方行未住。而龍脊之上。勢若三停。穴星呈露。後見其來。前不歷去。則立騎龍之穴。或轉關之處。真峽之旁。節苞萌芽。穴星忽見。龍身自去。此穴自留。則立斬關之穴。凡此二法。隨其龍身之貴。稱量而發。而世代不能悠久。亦真穴。

換言之，孕育之穴，是真龍氣止，穴的龍真；邀奪之穴，是真龍初結之穴，以人形喻之，則是乳穴或胸穴；迎接之穴，是巒頭沒有犯煞，略有氣脈而下，穴貼脈得氣，接脈穴法。

這三種穴法均是山崗龍法，能知者，山脈龍穴全在心胸，了了分明。

金環穴之選址，沒犯上巒頭凶煞，但元運轉變，上元三碧運重修，下元七赤運再重修，因天心正運之向轉移，如此必有一旺一衰之運。

《青囊奧語》云：

從外生入名為進。定知財寶積如山。從內生名為退。家內錢財皆盡費。

姜堯註解曰：水生向尅。向爲進神。向生水尅。水爲退神。

這段是說明向之得運與失運之理。**《天元餘義》……〈平洋千金訣〉**云：

左右低平前面高。旺氣產英豪。極低便作水來論。乾流亦有神。

此段雖是平洋龍法，但仍適用於某些山崗龍，是為陰陽顛倒秘法。此四句極為重要，必須得明師真傳。此法與金環穴之向度有關。是秘中之秘。難怪**《平洋千金訣》**最後兩句云：

龍經萬卷話成虛，不及一篇書。

若非得明師真傳，焉能明白如此深奧之法呢！金環穴，正是得地之穴，安金地成矣！

寫一偈曰：

金環穴法
向法難察
若逢明師
富貴可發

《本篇完》

娥眉砂青龍方落脈之金環穴

穴前右方下關砂

金環穴

金環穴之一字朝案

金環穴之后土碑

金環穴之來龍碑

（七）山崗頂穴 —— 救貧穴法及龍與局之關係

繼大師

記得在一九九一年辛未年辰月，恩師在元朗牛潭尾軍營山崗頂上，與談氏造葬一穴。此穴甚奇，墓中人在中年去世，養有一子一女，子是黑道中人，女亦不甚孝順。

最痛苦者，就是守寡的談夫人，兒女不肖，丈夫中年早逝，雖不致孤苦伶仃，但喪夫之痛，怎不傷心呢！

由於是牛潭尾人，死後可在附近下葬，經友人介紹後，便委託 呂師在軍營山崗頂處造葬。在此之前，出崗頂處已葬有不少祖墳，談母並不貪求眠牛大地，只求亡夫能葬得平安之地已心滿意足矣。

她不是中等人家，更談不上是富貴中人，委託 呂師在此一帶地上選穴造葬，除友人介紹外，請地師之庚金（給風水師之費用）亦不能多付，只是量力而為，而 呂師亦知其苦況，於是應允所求，費用則隨緣而付。

呂師在山崗頂之青龍方點了一穴，因山墳非真結穴地，故此並沒有刻上呂師之姓名。墳穴坐東向西，墳穴造下不到半年，兒子個性有重大轉變且脫離損友，找到工作，並給母親家用，沒有夜生活，轉成「好仔一名」。

女兒亦很乖巧，常幫母親做家務。子女明顯地變好，談母亦頗感安慰，並相信是談父山墳風水之助力，心中很感謝 呂師。

而 呂師亦有解釋，若然墳穴向度立得正確，會影響後人有正確之思想，加上穴墳附近沒有形煞尖尅，山巒形勢能為穴所受用，除屬於「平安地」外，亦可福蔭後代成小康之家。

香港是彈丸之地，若取真龍真結之地，何其難也！但是，若取穴於平安地，龍虎砂齊，後有樂靠，前有堂局，雖不是真結穴地，若再取旺向消砂納水，亦可救貧於一時矣。

故此楊筠松先師多以此法給人造葬，解人一時之困，故人稱「楊救貧」是也。

這山崗頂穴，並不是騎龍穴格，雖在山崗頂，但墳後有一突，正是借氣之穴法。如**《天元歌二章》**所說：

我師更有方便法。傍枝傍脈有來情。只要穴後生一突。緊粘穴下作穴星。此法名為接氣訣。人財丁祿兩豐盈。

由於此穴後有「一突」成穴星，後方遠處有一山峰正靠，樂山與穴星剛好在墳穴之頂，補穴星欠高之不足。後方樂山正是大小羅天二山峰。這少許之穴星，僅比墳穴之位置略高而矣。

若然沒有這穴後之「一突」，則墳穴在山崗平頂處，這就成了「騎龍穴」。山崗龍穴與騎龍脊之山頂結穴，分別在於這「一突」之穴星，故「一突」甚為重要。

其次，若穴之龍虎界水深，穴結高崗頂，亦是騎龍穴。這山崗頂穴不屬騎龍穴法，其原因是：

（一）來脈之山勢近，比墳穴處更高，只是來脈從白虎後方而來，不是正靠穴墳。

（二）白虎方有近砂守護關欄，並作穴之逆水砂，界水不深，墳穴近處白虎方有平坡，近砂有凹峰，峰外有山填補，可避免近方凹峰坳風吹穴。

（三）墳穴頂有「一突」成穴星。若缺「一突」，則成「仰瓦」，即穴後捲空，仰瓦之勢。

這山崗頂穴雖不是騎龍穴，但結作之情又像騎龍穴法，其原因是：

（一）墳穴在山崗頂上，位置在高處，其穴星後方空洞，所幸者，有遠樂之山。

（二）青龍方是雞公嶺，成一大幛，高聳而環抱，墳穴與雞公山頗有一段距離，墳穴頗高，山下是平地，青龍界水非常深，很像騎龍穴。可幸者，青龍方之雞公嶺高而範圍大，轉至墳穴前遠方作朝山，有情護穴。

此山崗頂穴屬山龍穴法，來龍自大羅天及小羅天二山作祖，西行曲折之下，至牛潭尾軍營山丘近頂處而成穴星，高度約 120 米。談氏祖墳坐卯向酉，整個元朗南生圍一帶成外明堂，流浮山成一字金水形遠朝，橫欄關鎖外氣。

雖然穴結高處，但前面明堂濶大深廣，剛補其位於高處之弱點，使生氣融聚堂前。穴前中堂前方有雞公山餘脈作一字文星，丫髻山、豬黃嶺、大頭山、青山峰及流浮山等群峰，在穴上亦可得見，明堂如此廣濶，實屬罕見。

由於明堂濶大，遠處左水倒右水出后海灣，所以下關出水口方甚為重要，而穴前有山丘兩層，在近穴之白虎方把守，是為有力之下關砂，兜收逆水，且山丘豐滿有情，甚為得力，正是此穴之精華所在，而堂局之美，甚是難得。

但是，審穴之可用否，其決定在於來龍是否真，若然來龍不真，也要接得來脈之氣方可取用。**《關徑集》〈卷二〉〈日來龍〉**有云：

於此有地二穴。一砂水奇早。登穴可觀。然而局勝於龍。無甚粹美。其一砂水平常。無甚可喜。然龍勝於局。來落甚佳。畢竟龍勝者福澤濃厚。其砂水美者亦暫福而已。

所以此山崗頂穴雖然堂局美觀，但龍欠真實，只是強接來脈，然得砂水之情，亦可暫亨福祿，是平安救貧之地。由於青龍砂高聳秀麗而有情，所以大兒子受其所蔭，成一孝順兒。

龍與局之關係，筆者繼大師解釋如下：

（一）龍真而勝於堂局 —— 發福力大而厚。

（二）堂局大而勝於龍 —— 發福短暫或一代而矣，但出人心胸廣闊。

這山崗頂穴由於明堂廣大，面前左倒右水出外明堂，整個外明堂形成一個大唇托為穴所受用，故穴是大順之局，水由左向右曲折而出大外堂，幸好不是砂飛水走之局，因遠方前朝有一字金水文星橫列關欄，可惜砂不甚高，是一瑕疵。

此穴之立向非常難定，因是「理氣逆行」，非明師決難定向。而地理之道，形勢貴逆，理氣貴順，是謂「雌雄交媾」，而理氣又要配合形勢，兩者得法，方可邀福。

在四九老人著之**《平洋金針》〈論順逆第九〉**云：

大凡理貴順。而勢貴逆。水法亦不外乎是。蓋逆則勢相逆。而情相媾。而穴道盡之矣。有水向北流。山從南上。為形勢之逆。水往東去。穴向西立。為理氣之逆。穴與水逆。為雌雄交媾。穴與水順。為賓主無情。

這山崗頂穴正是「穴與水順為賓主無情」，幸而水去有回轉，是順局非送水之勢。由於穴坐卯向酉，穴向西朝，是「理氣之逆」。這要明瞭巒頭形勢及理氣順逆格局，方可定向，否則穴下了易敗，宜小心處理。

筆者繼大師在學習風水的過程中，體會一理，其學習過程是：

最初學 —— 處處皆像結地。

初初學——又像又不像結地。

初學後——結地雖知但不能自作點穴。

學習中——點穴既能但未能取之準確。

再學習——山崗龍穴既辨但平陽穴未明。

再學習——山崗平陽龍穴既明但騎龍穴未明。

再學習——山崗、平陽及騎龍穴既明但怪穴未明。

再學習——山崗、平陽、騎龍及怪穴既明但不是真結而能救貧之穴未明。

再學習——山崗、平陽、騎龍及救貧之穴既明但平洋水龍穴法未明。

由於再學下去，一輩子也學不完，人也就歸空了。所以能明白真龍結穴之法很難，但不是真龍結穴，而造葬後俱能發富貴之穴極難。其功夫比點真龍結穴之地還要深呢！故此楊公被人們稱作「楊救貧」，真是「名不虛傳」。

這風水穴法之次第正是：

〈山崗龍穴法〉——初級

〈平陽龍穴法〉——中級

〈騎龍之穴法〉——高級

〈平洋水龍法〉——另類級別

〈救貧之穴法〉——四大穴法之總持

總而言之，能救貧而非真結穴地，其眼力及功夫，非一般地師能為之。堪輿之學，博大精深，有時感覺是「學了等於未學」，學了容易犯錯，未學可靠運氣碰一碰，當然啦！要學，最好能學精，減少出錯機會，但聘請地師也要碰運氣啊！畢竟是運氣主宰了風水，而運氣背後則是道家所說之「氣數」，及佛家所言之「因果」乎？

若是「人定勝天」，則以諸葛亮之才智，怎不能復興劉備之後漢皇朝？而三國又豈能盡歸司馬懿呢！冥冥之中，天意之所以然？

寫一偈曰：

點穴救貧
主宰時運
天意如此
氣數所云

《本篇完》

山頂結穴白虎後方來龍山脈

山頂結穴穴星及樂山

山頂結穴面前明堂廣闊

山頂結穴青龍砂為雞公山環抱有情

談山後土之神　　談氏碑文

山頂結地橫欄青龍外砂

山頂結地面前龍虎外砂及堂局

山頂結地穴前明堂

（八）假橫騎龍穴——結橫騎龍穴之秘法

繼大師

在香港元朗楊屋村附近，有一矮長山脈，小小山脊上，有一人造綠化區，給晨運客使用，風景優美，葬有不少山墳。

此山脈之來龍很長，以大帽山作祖，其龍氣經由夫仔山、大欖涌郊野公園群山，再經元朗西到丫髻山，後向西起伏而行，其山脈不高，正是玉女拜堂穴之白虎護砂，山脈行到近朗屏處，正是此小山脊上晨運客常到之地。

一個個的小山丘頂，其中有兩個墳地，一個沒有墳碑，另一個是空置的，墳塚荒廢，甚為凋零，從跡象看來，似是被葬者的子孫遷離此地，兩墳所葬位置接近，均葬在貼山脊脈處，橫靠山脊，若然不論來龍，單以觀景來看，則是：

前有明堂平田（今已作貨櫃車場），不遠處中間有一小山作朝案，丫髻山是青龍砂，水由左倒右，白虎有圓墩高至肩膊位，青龍近砂是圓山丘，且層層疊而下，唯後無靠山可見，因後山遠，在穴上不見，但現時已建有數座大廈作靠，遠處白虎方有雙金形山丘護穴，是穴之逆水砂，此山丘正是「豬黃嶺」，亦是玉女拜堂穴之青龍朝砂。

此穴在一般人看來正是：

明堂廣濶。氣聚天心。

案山朝穴。龍虎護墳。

唯獨沒有靠山，面前明堂不夠深罷了，而內龍虎砂亦守護包拱墳穴，那麼一定大發吧！

這種偽穴，真騙了不少人，穴之結作，第一條件，就是龍要真，即使不是真龍，也不能犯上巒頭上之形煞，此穴所犯之大錯，筆者繼大師述之如下：

(一)後無靠山可見，即使得見亦不能造葬，因為墳頭後靠空蕩，犯「風劫」，是風掃頂，正是蔣大鴻先師在**《天元歌第二章》**所說：

第三莫下天風劫。高山頂上空無穴。高而有穴不為空。無穴天空真劫煞。八面風搖骨作塵。此是風輪不可說。

這山脊墳穴後之「天風劫煞」，是會絕墳穴後人子孫的，是為高絕之地。

（二）貼山脊頂而葬之墳穴，其山脈所行之氣，全在脊上行走，山脈之氣不與真龍之氣同，脊脈行氣未止，沒有守護之奴砂同行，正是帶煞之脈，脈氣未能轉化（即剝換），葬在貼脊脈上是犯龍脈大煞，焉有不絕之理，而真龍行進間，必有左右山脈守護同行，稱為「奴砂」。

在《**地理大全要訣**》有云：

夫奴從者。即真龍之纏送護托。待衛朝迎等山也。蓋真龍融結。如雲之從龍。風之從虎。眾星之拱極。自然之應也。

這是確認真龍脈之法，不可不知。

（三）穴因貼脈脊而橫葬，墳堂淺短不夠深，穴前傾陷下跌，氣焉能聚，即使龍虎有砂包拱，亦不能造葬。

以上三大缺點，得其一則人財皆敗，現在此墳三者全得，是大絕之地，怪不得古聖有云：

十個騎龍九個假
只因亂向背脊下

難怪此墳之骨骸遭取走，荒廢如此，必定此墳後代遭受重大創傷，導致如此下場。

在橫騎龍穴法中，筆者繼大師認為是在所有山崗龍穴造葬法中，騎龍穴是最難學曉的，而所有騎龍穴當中，以橫騎龍較難，現把橫騎龍穴法之秘密公開，筆者繼大師述之如下：

（一）橫騎龍與其他騎龍穴地一樣，龍脈由山脊行龍，龍氣由高至低而下，必帶煞氣，真龍在行進間，定有雙砂左右護行，是隨從砂，亦稱「奴砂」。

此真龍砂脈不論從高山發脈多遠，至將結穴處，必定迂迴而行，無論所結位置在何等高度，左右護砂必定高於真龍主脈。橫騎龍穴較為不同，來龍由左或右方而來，後方遠處是一大屏幛，或是孤峰，高度要比結穴處高，稱為穴之「樂山」，山峰距離要適中，高則要遠，低則要近，比例適中。

樂山若是孤峰，不要是獨火形，因火山帶煞剋穴，最好是金形山，如武曲金星，或山峰頂是平土亦可，若是貪狼木形星，則是半吉半凶。

整個木形星闊度要足夠，無論何種山峰，總之要有情高聳。樂山闊度要闊過橫龍結穴之穴星，闊度範圍要覆蓋整個穴場為佳，要與橫騎龍穴本身之龍虎侍砂互相配合，要視乎當時山脈之走勢而定，難用文字表達。

（二）由於橫騎龍穴龍氣在山脊頂行龍，高低起伏不同，而來龍方多高於去脈處，龍氣由脈脊上行走，脈氣何以能止呢！這必須在結穴之去脈處，出現比較高之山丘，而且要成土、金或金土形狀，現出有情之相以護穴，亦是穴之下關護砂，則真氣必止於穴場，這個條件非常重要，若缺此下關砂，真氣走洩，則結穴不成，多是虛花假穴。

（三）橫騎龍穴在結穴處多略濶，而唇托未必夠深，有時要用人工修葺，通常橫騎龍穴之「的穴」處範圍很少，只能葬金（骨塔），很難葬棺，所以，用唇托証穴法去定穴，則真氣必聚於穴場，而穴前不致傾瀉下去，此點甚為重要。

（四）橫騎龍穴要有朝案之山照穴，此點與一般山崗龍法相同，至於外明堂之大小，與穴之龍虎砂要配合，但朝案之山一定要有，但不可迫壓穴場，高低遠近要適中，與穴要成比例。

由於橫騎龍穴入脈是由左或右來氣，所以穴前明堂宜寬緩，不宜緊迫，則穴之真氣始聚，這就是橫騎龍穴與一般山崗龍穴最大不同之處，否則，會加速來龍之氣，氣脈必盪，致橫騎龍穴之來氣帶煞，致應後代大房或三房不利，此點宜加倍留意。

（五）橫騎龍穴在「的穴」處，其脊脈必寬，否則山龍之氣不能止於該處，但切要留意，不要把穴點在脊脈之最高點上，否則穴未結而煞氣先犯，因橫脈之氣必行經脊頂，若犯之，必損人丁，而脊頂必露風掃腦，而尅應凶事。

（六）由於橫騎龍穴所結範圍細小，造葬時除只可葬金之外，切忌過於開鑿，容易傷脈氣，犯之必傷丁財。

（七）橫騎龍穴由於結在橫脈山脊上，後靠之山不與結穴之脈相連，靠樂之山有遠有近，有高有低，而「的穴」脈脊之後，最好有「鬼尾」（穴後之山脈）撐托，但不可拖洩過長，長則扯洩龍穴之氣；有一些橫騎龍穴其鬼尾很隱蔽，極不易察覺，只是穴後微微一脈，並不明顯，但以有力為佳，而一般之橫龍騎穴亦有鬼尾，兩者之穴情，其分別如下：

橫龍結穴 ── 橫脈來龍，穴結星辰之下，或在頭、或在腹、或在腰，或在足，以父母星辰定穴，穴星之下所結之穴，多是在星頂落下之位置，左右有護砂，前有朝案堂局。

橫騎龍穴 ── 穴結山脈頂脊，沒有父母星辰，非沒有星頂，而是脈氣微微而下，一般人難以鑒定，後方有樂山作靠，有護砂、朝、案、堂局。

橫騎龍穴結作之法，非常深奧，這山外有山，穴上有穴，是山崗龍穴法之中較難之法，所以有「奇龍怪穴」之稱，在沈鎬所著之**《地學》**，其中**〈卷三〉〈怪穴〉**中有云：

人言怪穴我不怪。怪穴畢竟發福快。穴若高高朝天去。飛龍在天穴不敗。…………怪穴騎龍龍去長。請看騎馬騎脊樑。

這「騎馬騎脊樑」來形容「騎龍龍去長」，便是形容這「橫騎龍穴」在龍脈來去之間而結在脈脊上，正是此等怪穴之特徵，至於這近朗屏之假橫騎龍穴，正是龍脊上之絕地，雖然其一墳已搬遷，但多是後代已發生凶事之故，搬遷已太遲了。

其他另一墳，雖然墳碑已遭拆掉，相信亦在後代發生了凶事後而遷拆，骨殖一日未遷，一日仍使後代發生尅應，原因是：

(一)就算沒有碑向，仍有墳墓之向。

(二)就算墳墓之向當旺，墳中之金仍受巒頭之煞。

寫一偈曰：

騎龍真結氣難隨。左右風吹八字水。橫騎似馬騎脊背。脊上窄削氣難聚。

《本篇完》

假橫騎龍穴之青龍砂

雖有後靠，穴位仰瓦，故為假穴。

假橫騎龍穴

假橫騎龍穴明堂

（九）鯙魚戲水穴 —— 金星三格及鬼尾釋義

繼大師

香港地少人多，平地結穴少，山崗龍結穴較多，平陽龍結地少，而高崗上之平陽地結穴更少。不論在平地，或在高山上之平原，其結作之穴法是一樣的，高原結穴較平原結穴為清貴，高度不同，地氣自然有別。

在沙田某高山上，有一高地平原，內有不少古墓，其中所點之墓穴，位置甚佳，穴雖在高崗頂平丘處，但不覺高孤，因所在之處仍有高山環繞，自成一國。

這高原中間是窩凹大平地，四周有山丘環繞，南北兩端是高山群，互相呼應。群山成羅城，高原約二百米高，羅城之外三面是海，一邊連著群山，約十二公里南下處，亦是大海。

高原之西邊山丘處，有一古墳，築於【清】宣統元年「己酉」年（公元 1909 年），其來龍自一山，形為貪狼木星作祖，遠看像一隻大猩猩（KING KONG），面型詭秘，龍脈南行起伏，起一金星峰，星峰高聳似大金鐘，高 536 米，由西邊向南落脈，至一山丘，成娥眉形，橫放在平原之西面上，山丘濶圓形，正看成太陰金星丘，中間略高處落脈，左右分開二脈作龍虎，成一橫龍結穴。穴星雖屬圓金形，但兩邊之勢略緩而長，正面看去，是太陰金，若然高大而圓挺，則屬於太陽金，分別在於星丘之高而圓，濶而低。

在《地理人子須知》〈卷三下〉〈穴法〉之〈金星穴〉有述說太陽金及太陰金之分別，筆者繼大師錄之如下：

金體必圓。其上下皆圓而身高者。曰太陽金。上圓帶方而身低者。曰太陰金。

兩金星穴星各有三格，即正體、側腦及平面三格。它的分別如下：

正體 ── 金形穴星端正，中間落脈結穴為多，穴正靠金星山峰，金星中間落脈是穴，左右兩邊相稱均勻而護穴，始為之端正。

側體 ── 金形穴星端正，可邊大邊細，亦不一定在穴星之中間落脈，其條件是結穴處之正後方要有玄武樂山作照，後靠始有力量。這種穴法，比起正體金星形結穴更難，眼力須高。

換句説話，金星側體只作穴之落脈，側體金星之後方山丘，必須正靠後方照星，是星與脈氣合體之穴法。

平面——金圓形或半圓形地形，是平面，在平地略高之處，或在略高之山丘頂處，但不是山頂騎龍穴格，只是平坡山丘之地形，穴多結在中間，此等穴法較為難明，因界水不明顯，高低位置，需要極小心審察，否則易犯界水。

金星三格中，以正體及側體形屬立體形（豎立式）之看法，平面格屬眠體式之看法，亦即倒地式，屬平地龍穴法。在【明】《李默齋秘缺》之〈論平地龍〉有云：

平地之龍。與高山無異。但高山成坐立形。峻窄而界水明。故其龍易識。平洋勢成眠臥形。濶大而界水隱。故其穴難明。

分別眠體穴星之秘訣在於界水。筆者繼大師認為，龍穴之法，首是山崗龍法，次是平地龍法，再者是騎龍穴法，加上另類之平洋水龍穴法，風水巒頭之道盡矣。學者須按步就班地學習，切不可操之過急而致弄巧反拙。

這太陰金星結穴之地，來龍由青龍方來氣，氣止於星頂正下方，故屬橫龍結穴，初看去是後靠不高，但往星頂看回穴之後方，發覺還有一濶長之後山作靠，只是在穴中不見，總比沒有後靠樂山為好。

由於來龍祖山是武曲金星，形像鱆魚，其爪多而長，其中一支相連穴之太陰金星，故穴取「鱆魚戲水」，以示金水相生之格局。

此鱆魚金星武曲山，正是穴之青龍方夾耳山，雖無欺壓之勢，但山峰高大威猛，似有監察之勢；所幸者山峰開面迎穴於青龍方，故屬有情之砂，亦是穴之來龍祖山，但可惜穴之父母星欠高，不能配合；若然後山高聳作靠，則鱆魚金星高峰定能被穴所受用，所蔭後人，必定大貴無疑，而穴之級數亦倍增。

由於穴星濶而兩邊長，娥眉穴星濶大，墳穴點在高處，顯得穴星不高，後靠不夠，穴星後雖有第二層後靠，但離穴不近，穴中不見，但總比沒有為佳。所幸者，墳穴後方有脈氣撐向穴方，是穴之「鬼尾」，有承托之力。「鬼尾」又名「鬼砂」，或稱「鬼星」，是穴星背後之山脈或是相連之山丘。在沈鎬著之**《地學》〈卷二〉〈鬼沙〉**有云：

橫龍須用鬼。鬼者尾也。枕也。襯也。非是族也。無所用。鬼有單有雙。或更多方。要之不離尾枕襯者近是。穴要收回鬼氣。收回鬼力。收回鬼勢。收回鬼意。

其實穴後之山，若沒有高山星峰作照，則不能造葬，橫龍來脈，後靠穴星多不夠高，需要穴後山丘，有背脈正撐穴星，加上後方樂山，始能完備，撐穴之鬼尾，不可拖曳太長，長則洩穴之氣。

所謂：「**穴要收回鬼氣、鬼力、鬼勢、鬼意。**」筆者繼大師現解釋如下：

橫龍結穴，穴星與後方之山脈相連，作用是撐托穴星，其山勢及情意，為穴所受用，故云：「穴要收回鬼氣。」

鬼尾要端正護穴有情，切不可破碎巖巉，反背走洩，或鬼脈瘦長而多，則成散漫之鬼尾，力量大打折扣。若鬼尾脈氣相連後方矮濶山丘，是橫龍結穴之「玉枕」，或稱「玉尺」，在鬼星之中，堪稱第一。

鬼星之中，若是三角形脈，尖角向後，濶面處撐托穴星後方，謂之「獨襯正直」，能收回鬼氣。

鬼尾與樂星不同，其分別如下：

鬼尾 —— 鬼尾脈氣與穴星相連，同屬一穴星之山丘，穴星前脈是穴，背後則是鬼尾。

樂山 —— 是橫龍結穴正後方之山峰，山是獨立出現，其脈不與穴星相連，與穴星之間，多有界水深坑，或淺坑，或是平地，與穴星分隔。由於來龍氣脈從左或右來，其樂山多低於來龍祖山，少數是高於祖山，若樂山高，必離穴遠也，否則有可能欺壓穴塲，樂山有遠照墳穴功能，有助蔭長壽之人。

若然鬼尾與穴星相連，在穴上向後看是探頭山，則是「鬼山窺穴」，定出家賊。此是穴之缺陷，宜小心選取，若穴之缺點多於優點，多是虛花假穴，宜慎重選取。

此鱆魚戲水穴，由於祖山從青龍方來脈，水是左倒右，白虎方為下關，穴中見有三層白虎砂，一層比一層高，關欄有力，開面有情，兜收逆水，能為穴所受用，且砂潤氣緩而長，是此穴最勝之處。

穴前是窩地，亦是左方水氣流經之處，不遠處有橫欄案山，是倒地一字文星作案，可惜只得一層，亦有少許歪斜，此是穴之缺點，二房只能發福至兩代，且有向右走竄之勢，幸有山脈迴轉，能助邀福及補前砂略走之弊病。

鱆魚戲水穴之位置點得不錯，地師眼力很好，巒頭功夫佳，現時之人，多不能及，雖是百年古墳，但香火仍在，足見後人子孫並不衰敗。

寫一偈曰。

形像鱆魚山作祖
欠缺後靠枉徒勞
一字文星娥眉案
巾幗鬚眉是雄豪

附錄：

筆者繼大師在在考察「鱆魚戲水穴」期間，發現有一吉穴，茲作《地鈴》一首如下：

乙山辛向水交牙。飛鵝展翅生煙霞。下關神獸重重鎖。武曲出脈高高掛。

三陽堂氣群峰朝。青龍疊疊層層護。更有高遠羅城繞。土星巨門頂上照。

那怕凹峰從後射。更有土裡藏三金。土腹藏金中為最。人丁財帛最長久。

穴星化三氣。三脈結三穴。大房先富二房佳。

二房福澤厚綿綿。誰人葬得到。富貴三代好。

《本篇完》

鱆魚戲水穴來龍為武曲金星祖山，從青龍方來脈，形像鱆魚，爪多而長，左倒右水，白虎砂為下關方，穴中見有三層白虎砂，一層比一層高，關欄有力，開面有情，兜收逆水。

鱆魚戲水穴青龍方來龍祖山

鱆魚戲水穴

鱆魚戲水穴白虎下關砂

[illegible]german

鯆魚戲水穴前朝一字文星案

(十)新加坡武吉知馬山腰吉穴 —— 後發初凶之理

繼大師

在偶然的一個機會下，筆者繼大師遠走至新加坡考察其都會風水，雖然在數年前曾到此一遊，但因行程緊湊，未能仔細堪察。為了更瞭解新加坡之地形，筆者獨自一人，攀爬新加坡最高山脈。

首先，新加坡是馬來西亞半島最南端之島嶼，距離赤度以北一點二一度，非常接近赤度，正因為新加坡臨海，雖近赤度而天氣酷熱，因有海風及時常下雨，以致將炎熱天氣調和，其天氣一年四季之溫度差不多，屬熱帶氣候，溫暖潮濕，平均氣溫介乎攝氏廿三至卅度，十一月至一月間，雨量較多，所以氣溫較其他月份清涼。

由於新加坡大部份是平地，山丘很少，地方雖小，但能使用之土地頗多。新加坡是亞洲大陸最南端之處，雖隔著一海峽（STRAITS OF JOHOR），其大塊北方來脈之氣全被界開，化煞純清，龍氣再潛過海峽，由石脈過北部之惹蘭加由（JALAN KALU）及義順（YISHUN），全新加坡最高山脈是在武吉知馬天然保護區，其中最高之山丘約高 177 米(581 英呎)，是全新加坡之祖山山脈，位於新加坡中心略靠西邊之處。

筆者繼大師為想一睹新加坡風采，不惜獨身一人化了三個多小時爬上武吉知馬(Bukit Timah)山脈頂上，起初以為山丘不高，沿途路邊又有地圖板，心想並不困難吧！

豈料這地區屬原始熱帶森林區，沿途雖有車路及山路，但竟然在一路上不見天日，不能得見山外遠景，因屬原始森林區，山上樹木高大而密，在沿途小路行進間只見樹木，支路多，天氣酷熱，險些迷路，松鼠及大野猴甚多，幸好沿途有不少途人，可問路也。

最後筆者臨下山時，在小路傍之下方，發現有一略平之小地，似乎有些東西放在那裡，當走近時，發覺竟然是一個中國式的墳穴，其頂有半圓形之石屎封面，墳穴有一麻石碑，碑上有紅色油之中文刻字，由右而左，寫著：

安溪民國卅年十二月廿九日

許門王氏樓娘墳

澳江　男英戇　水力　火良　根發　文英

在堪察此墳穴後，發覺點穴之位置不差，並沒有犯上巒頭之煞，其好處是：

（一）有來脈——山脈從武吉知馬山頂而下，到近山腰處分三條脈，其來脈是中間出脈，有來龍脈氣。

（二）有龍虎二砂——因主脈從中間出，左右兩脈同護而下，主脈得左右龍虎兩脈守護。

（三）有唇托——主脈由中間出脈而下，到一小平地前一凸處，便是此墳穴所在地，墳前小平地，剛好兜收中脈之餘氣，唇托是順弓弧形抱穴，甚是有情。

（四）遠有朝山——墳穴正向之遠處有遠山丘，正是新加坡南端之花柏山（MOUNT FABER）、聖淘沙島（SENTOSA）及裕廊島一帶（JURONG ISLAND）一帶，二山丘在墳穴前遠方之左右邊。

（五）遠方有明堂——墳穴正向遠處是一片綠茵平地，中間是中明堂，又在左右龍虎護砂之外，正是：「**內堂氣聚外堂寬，三陽堂氣足。**」三陽堂氣即內明堂、中明堂及外明堂，其外堂深廣，可彌補朝山不在墳穴正中間之缺陷。

這山腰吉穴，雖然表面上沒有形煞，但若仔細審察，發覺有些少缺點，筆者繼大師述之如下：

（一）在墳穴前小平地之白虎方，有一小小脈氣走洩，雖然脈氣不長，但嫌有走竄之勢，主應三房離鄉不顧祖。

（二）由於墳穴點在山腰上，左右界水是深坑，有突然跌下之勢，若穴前有案山關攔，則可彌補此缺點。

（三）由於墳穴所葬地點附近，屬原始熱帶森林區，所以墳穴一帶，樹木參天，大樹之根部密長，故此，不排除樹根會生入墳中之可能。

（四）現時穴之前方四週，大樹群已把明堂及左右龍虎遮去，墳穴前方不開陽。

雖然有這些缺點，但因有脈氣到穴，所以屬小安金地（平安地），若然把穴前近唇托之拖洩小脈氣，用人工把它修葺，將其土置於唇托平地下方，使形成第二層平地唇托，則更為圓滿。此乃人工修造法，補此穴之不足。

此墳穴雖無近案之山在中間，但其左右山脈之外有廣潤中明堂，這處可補缺乏案山之缺點，這是順局之地，面前水走，至穴外左右龍虎山脈闗欄，後又走出中明堂，是先凶後吉之象。

在清、袁守定地師著**《地理啖蔗錄》**（武陵出版社出版，第186頁）有云：

後發初凶。必是順流之宅。朝貧暮富。必是洋潮之鄉。

其註解為：**去水之地古人多不取。穴雖美亦主初年退敗。必行至山脚交關之處始發。惟穴前緊夾不見水去。或平坦不見水流。初年亦利。若潮水。則發福最速。**

因為這結穴是順局，又在穴前中間，所以當應二房為「後發初凶」。無論如何，此墳穴在人工修造後始可使用。筆者繼大師相信，新加坡除在近花柏山之東面山腳面對聖淘沙島處有墳墓外，相信這私人點穴造葬之墳墓，是唯一僅見於在山丘上造葬之墓地了。

寫一偈曰：

祖山墳穴
先凶後吉
順局闢欄
唯憑人悅

繼大師註：在英國殖民地時期，新加坡武吉知馬山曾是英軍糧食及彈藥庫，二戰時被日本攻打，此地當時為重要戰場。由於日軍從馬來西亞迅速南下推進，突破武吉知馬山的防線，英軍投降，日本控制新加坡三年至二戰結束。

《本篇完》

武吉知馬山

武吉知馬山地區入口

許氏山腰穴地墳碑

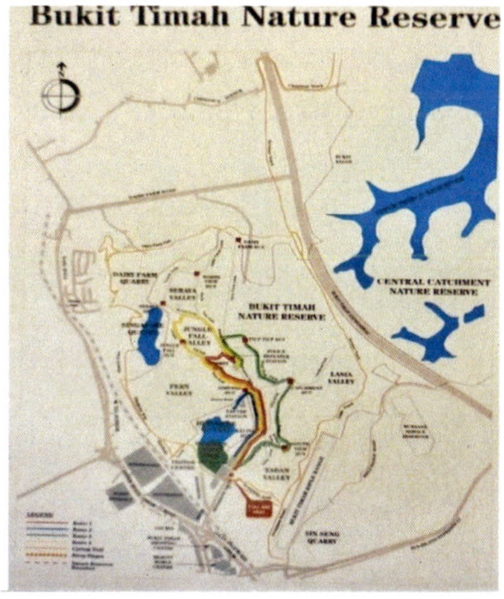

武吉知馬山區地圖

新加坡武吉知馬山腰穴地

山腰穴地前朝

（十一）馬鞍山下牛頭穴——審勢之法、尋龍脈法及四獸之看法

繼大師

沙田是七十年代所發展的新衛星城市，回顧于 1978 年，沙田內海之填海工程正進行得如火如荼，把預留之城門河直出沙田海而連接吐露港。若把沙田城門河道設計成「之」字形而出沙田海，則沙田整個市鎮更藏風聚氣，發跡更持久。因為風水之道以「得水為上」，其原則是：

（一）只見來水而不見去水。

（二）來水而明，去水要暗及「之玄」屈曲。

城市若得真水之氣凝聚，其發福方久。在明、繆希雍地師在**《葬經翼》〈形勢十一篇〉**之**〈原勢篇一〉**（《葬經翼箋注合編》——第十頁，集文書局印行，1985 年 3 月出版，青烏子著，繆希雍、兀欽仄撰。）有云：

審勢之法。欲其來。不欲其去。欲其大。不欲其小。欲其強。不欲其弱。欲其異。不欲其常。欲其專。不欲其分。欲其逆。不欲其順。氣之積而成體也。

不論陰陽二宅或城市等地，其形勢甚為重要，山高之勢，水氣必流於低地，這〈審勢之法〉即是：

吉——只見其來勢，不見其去。形勢大、強、特異、專、逆。

凶——只見其勢去而不返。形勢小、弱、平常無甚特別、分散、順。

馬鞍山與九肚山（399 米）一帶之山脈，相隔於沙田河道末端出沙田吐露港海口而對峙，在風水學上稱為「華表砂」，即在出水口兩岸相對之山峰。馬鞍山是全港第四高之山峰，高 702 米，僅次於：大帽山，高 975 米，鳳凰山高 943 米及大東山高 869 米。

整個馬鞍山有兩個主峰，一為馬鞍山高 702 米，一為牛押山，兩山相對，形成馬鞍形狀，故名「馬鞍山」，人們將它分為馬鞍頭（即馬鞍山主峯）及馬鞍尾（牛押山）。其弧度甚美，遠看有情，它把沙田區內之堂局關欄著，對於沙田區內之風水，起著重大影響力，是吉祥之山峰，是馬鞍守水口，關擱着整個大圍及沙田區。

在沙田及西貢一帶，馬鞍山是這兩區之祖山，它亦相連九龍一帶山峰，即大金鐘（536 米）、芙蓉別（515 米）、東洋山（520 米）、東山（544 米）。左連飛鵝山（602 米），右連大老山（577 米）、慈雲山（約 470 米）、雞胸山（約四百米）、獅子山（495 米）、筆架山（457 米）、尖山（305 米）。

換句話說，馬鞍山亦是九龍市區內山脈之祖山，因其位置只能在沙田區得見，而飛鵝山能在九龍市區內得見，所以很多人以為飛鵝山是九龍區之祖山，其實是馬鞍山，這是以高度而論。若以得見而論，則是飛鵝山。

馬鞍山其範圍雖不算大，但環觀其四週之山脈之下，所結吉穴亦很多，有些被人開山打破，有些被人點著，致所餘吉穴不多。

在馬鞍山之最高主峰，有數條脈由西南而下，往東北方去，除兩主峰高聳可見外，這數條山脈是突然間落下而出，到山腰間之一定高度，便作伸延之勢，行走若龍，高低不定，起伏連綿，變化剝換，由相頑而變化秀麗，其中有如長蛇之形，有些若金鐘之形，一個連一個拋出而下，其中暗有結作之情。

若在此得吉穴，多應富貴人家，因山形圓厚，即如**《青烏先生葬經》**（如前述「葬經翼」書第 187

頁）有云：

大富之地。圓峰全櫃。貝寶踏來。如川之至。小秀清貴。圓重富厚。

另若有穴是朝逆水方，遠高近低，亦是發富之象，逆局發速，順局發遲，若水去不回，是貧窮之地。

這馬鞍山下數條落脈中，其中一條脈是突然滑下的，至山腰間，便迂迴曲折而行，此在眾脈之中，是最短小的一支，遠看感覺極短而落脈速，但若行至其穴前一節穴星之後，發覺脈氣功嫩有生氣，行龍十分有精神，並不覺短小，更應合尋龍脈之法，筆者繼大師所領悟之尋龍口訣如下：

（一） 眾長取其短，眾短取其長。

（二） 眾平常取其異，眾異取其平常。

（三）眾高取其低，眾直取其曲。

總之，主脈是與眾不同，更有其獨特之處，這主脈便是「眾長取其短」。其脈至一小山丘而止，面前平地，有雙水交於前方而流出內海。此地因年代久遠，平地被人工弄平，不能目睹其原貌，所以不能完全準確判斷其形勢。

筆者繼大師在堪察其間，發現在此脈穴星之下，點有一穴地，造葬於同治十年辛未年（公元一八七一年），距今(2002年)131年還香火不絕，此穴之後靠祖山是兩峰獨高，中略平，脈由後方白虎邊落脈，下向中間而出主脈。

從墳穴之內明堂望向穴方，發覺像一具牛頭面形，兩角獨高，山石嶙峋而外露，主脈形像牛鼻，簡直就是活生生的一個牛頭。初看去，覺得有些鬼魅不正之氣，後在多次堪察後，始習以為常。山川地靈之氣，有正有邪，因而蔭生不同人物。

在**《葬經翼箋注》**龍裕光地師之序文中（與前所述之葬經翼相同，內第139頁）有云：

及讀史至王莽、曹操、桓溫、安祿山、秦檜諸傳。以彼殘忍譎詐。奸天位。竊國柄。不旋踵澌滅。意其先必秉山川邪氣。乩煞所鍾。至於斯極。倘得其正氣。則又為周召孔孟董韓周程朱張。以應運而起。扶世教。振綱常。延斯道於將墜。垂美譽於無窮。

龍裕光先生之見解確有見地，人秉山川之氣而生，富貴賢愚，各有所屬。筆者繼大師雖同意這種說法，但始終認為以個人之想思心性最為重要，是互相配合，應運而生，若修好自己之心性，其他亦是輔助。正如佛家所謂：「放下屠刀。立地成佛。」。

此「牛頭穴」結作奇特，若說沒有地理，它的來龍化氣極真，穴星明確。若說有地理，它的穴星帶尖頂圓而小，山丘上難止來龍氣脈，氈唇不明，穴星帶暗煞，頑金合木而藏火。此穴難度極高，疑幻疑真。

牛頭穴之好處如下：

（一）來龍入形入格 —— 龍穴形像牛頭面，甚得形氣。

（二）四獸全備 —— 穴上之前後左右均得山脈環抱。四獸者即是：玄武、朱雀、青龍及白虎。正如明、繆希雍著**《葬經翼》**（與前述書同，內第 30 至 31 頁）**〈四獸〉〈砂水篇七〉**云：

夫四獸者。言後有真龍來往。有情作穴。開面降勢。方名元武垂頭。……內堂水與外水相輳。瀠廻留戀於穴前。方名朱雀翔舞。……貼身左右二砂。名之曰龍虎者以其護衛區穴。不使風吹。環抱有情。不逼不壓。不折不竄。

此四獸之看法，是審察吉穴最有力之佐證，觀今之人，倒行逆施，將風水巒頭之「四獸」古法，置諸不理，更認為只有風水理氣之某某學問才是大法，真極為可悲。【明】、蔣大鴻地師就是極重視風水巒頭形勢之地師，並倡言與理氣配合，則吉凶可掌握。

當然，這四獸之看法，只是風水巒頭形勢上之一部份，還要符合「證龍穴之法」方可，其中尚有脈穴之細微部份，若非得明師真傳，不能明白。

此牛頭穴之缺點如下：

(一)穴星頂部窄小，略帶無情。

(二)穴前唇托不足，多是人工修造得來，不是自然而生。

(三)白虎砂略走，但止於外堂處，總比「一去不回」為好。

(四)外明堂雖廣濶，但黃白山水二氣不能歸一，零正不明，是一缺陷。

綜合以上所論，筆者繼大師以為此牛頭穴是：「龍雖真，但穴處成疑。」須小心審察。

又因筆者之個人喜好，認同：「**在天成象。在地成形。**」之説，即地與物相應，為自然之道。

佛門密宗黃教最高之修煉大法中，其不共大法正是「大威德金剛法」，若在這牛頭穴上建立大威德金剛廟供奉之，則可護佑十方，威力非同少可，這是形像相合，人工天然各一半。

能符合人傑地靈，可化山川之氣為地靈正氣，若有人得此地氣，必功力倍增，修煉易成，人生之價值，盡在此矣。

寫一偈曰：

山中牛頭王
威德大金剛
虔奉勤修煉
身化彩虹光

《本篇完》

來龍入形入格，龍穴形像牛頭面。四獸者：元武垂頭，朱雀翔舞，龍虎者以護衛區穴。

牛頭穴之青龍砂

牛頭穴來龍玄武垂頭

牛頭穴之白虎砂

牛頭穴面前堂局

馬鞍山側照

（十二）平陽迴龍顧祖穴 —— 迴龍結穴之特點

繼大師

香港地方雖然不大，但葬有不少私人墓穴，在新界地域，多是山崗龍法，名穴亦有不少，而在粉嶺坪峯一帶，葬有不少平陽穴地。呂師亦曾在坪峯一帶地區與人重修祖墳，全屬平陽穴地，其穴法又與山龍有異，穴的形勢及立向法是屬另類作法，筆者繼大師認為平陽結穴比山崗龍結穴較難理解。

在粉嶺坪洋地區，葬有一穴，墓中人是廖氏十四世祖，在行車路傍，很易看見。此穴來龍，筆者繼大師述之如下：

來龍遠自深圳梧桐山，經沙頭角過脈至紅花寨（489 米），到紅花嶺（492 米）起祖山，再往西南方落脈，至禾徑山（297 米）稍止。

龍脈西行急下至坪洋平地，脈穿田過峽，後迴轉朝祖，起一星辰作父母，墳穴就葬在約十英呎高之圓金形山丘下，墳穴坐乾向巽，朝向來龍祖山之另一分支山脈，是「迴龍顧祖」格局。

在清、沈鎬著**《地學》〈卷二〉〈穴星〉**（武陵出版社 1993 年 4 月初版第 172 頁）有云：**龍有回龍來歷遠。及到結作回身轉。轉身面祖或朝宗。須知回轉要從容。急遽**（音巨卽忽然）**到插非回龍。勉強食水還成凶。**

迴龍顧祖的龍脈大多是來脈長而遠，將到結穴時，龍迴轉一百八十度作翻身之狀，穴朝來龍祖山之方，在龍脈迴轉時，切不可急，不可突然迴轉，其彎度要大，且脈勢要從容不迫。若龍脈突然急促迴轉，恐怕非真龍，或是龍有缺陷，或龍脈有病，勉強下穴，多有凶險，此點宜特別留意。

現筆者繼大師將迴龍顧祖及結穴特點述之如下：

（一）來龍特長 ── 迴龍之祖山由高而下，龍脈左翻身時需要一段距離始可迴轉，所以其龍身必長。

（二）龍脈迴轉 ── 來龍不論在龍身或龍身或龍頸處，必然作反方向走，或作一百八十度不等，總之龍脈迴轉後，必定朝向本身龍脈之祖山（**龍脈出身之處**）。

（三）有過峽——龍脈由高山落下，至平田上而迴轉，平田上多有零星之小山丘出現，或在平田上有凸出之平坡，亦是龍之行度。若以山崗之形態出現，山崗多必相連，迴轉之軌跡比較容易看出。

不論平坡或山丘或山崗之迴轉龍脈，到將結穴數節之前，龍脈必有收窄之地方出現，左右多有山脈護纏，這收窄之地方，稱為「過峽」，其形態千變萬化，收窄後再放寬，然後起一小山丘，便是穴之父母星丘，穴取山丘之下。

（四）穴是逆局——由於迴龍顧祖之龍必定翻身迴轉而結穴，所以穴一定朝向龍之祖山，祖山多高於穴位，穴前方高，便是逆局，主速發，但所朝之祖山，切勿欺壓穴場。

穴之面前，最好有橫脈闗欄，以擋著前朝之祖山，但橫脈又不可把朝著之祖山遮蓋著，若穴前無擋砂，這樣穴之左右，一定有山脈護穴，而左右二山脈在穴面前中間相會最好。

這口訣是：

逆局急需擋砂欄。或有橫案面前欄。若然擋砂橫案缺。也需龍虎會穴前。

此坪輋之迴龍顧祖穴，正是在平地中之一突處，穴後是來龍方，其形態是平地中隆起之矮小山丘，穴之祖山一落平田則不見蹤影，然後有零星小阜，在平田中之龍跡實難尋。在**《地學》〈卷一〉〈局二〉**（159頁）有云：

今尋龍到落坪處。所見悉皆荒村野水。忽然隆起。四勢回轉。局必在焉。凡局無他。只取後抱向前。前抱向後。左抱向右。右抱向左。則局必中成。穴必中立。

此迴龍顧祖穴正是「龍到落坪處 …… 忽然隆起。」左右遠處有群山圍繞，正是「四勢回轉」之勢，穴之左、右、前、後均有山環抱，正是「穴必中立」。此墳穴在路邊，其白虎方因建小路，路貼右脇方，對墳穴做成「穿腸」，不吉。

此穴除有少許人為損害之外，在形勢上並沒有犯煞，其最可取之處就是：

（一）前朝有四層山巒，級級而下，是迎風接氣格局。

（二）穴朝之遠山比穴為高，是逆水局，主財帛豐厚。

（三）外堂寬潤，遠山疊疊而下，氣聚中間明堂，然後流往墳穴方。

在**《地理人子須知》〈卷六下〉〈天機〉〈明堂入式歌〉**（第377頁）有云：

明堂光明照萬方。寬潤始為良。好砂好水常聚面。種種皆可見。若還逼窄豈能容。坐井面牆同。寬潤生人亦軒豁。聰明更特達。逼窄生人必蠢頑。猥褻更貪慳。

所以明堂若寬潤則出人豁達聰明，而明堂逼窄則出人蠢頑、猥褻及貪慳，正是明堂真口訣。

另外，穴前之青龍遠方，群山層層而下，在遠方守護，使穴附近一帶平坡更為聚氣，正是外砂關欄有力，穴後以平中一突為靠，是平龍獨特之處，穴雖非真結，然而巒頭形勢沒有犯煞，穴亦可取，若非開建小路，則路不割脇，這是小小人為瑕疵。

這小小的平陽迴龍顧祖穴，好處比一般山崗龍穴為妙，不易點著，懂得此種穴法之人不多，現今難遇，若再配合元空大卦立取生旺吉向，亦可富於一時，勝過「救貧穴」。

寫一偈曰：

平陽一穴甚吉祥
穴朝巽方發文章
逆砂高遠明堂寬
速發富貴福澤長

《本篇完》

廻龍顧祖穴墳碑字跡已化掉但仍有香火

廻龍顧祖穴後靠山丘

迴龍顧祖穴後靠山丘

迴龍顧祖穴面前朝山

（十三）白虎得位——特異行龍之選取真龍法

繼大師

風水陰宅穴法，首重龍身，龍脈若真，合結穴條件，始為龍真穴的，山崗龍脈，變化萬千，認龍之法，極為不易。

在一片群山之中，各星峰高度均等，在風水學上謂為「大幛」，條條山脈在「大幛」間落下，互相依靠，龍法之中，以雙水夾一脈，始可說是真龍脈，主脈兩傍之山脈，其內邊之凹處，稱為「界水」，凸出是脈，而凹者是水，有凸出之脈，必有凹下之水。

在「大幛」下之眾多落脈中，是互為龍虎，要找出眾多山脈中，誰是主脈真龍，必須深懂認龍之脈法；其原理是，眾脈長，則取其短，眾脈短取長，眾異取其平常，眾平常則取其異，眾高取其低，眾低則取其高，總之，取脈之法，選其獨特之處，脈要有變化，由粗頑而行進中變化成功嫩，嶙峋變化成秀麗，此謂之「變化剝換」。

在郭璞著《古本葬經內篇》《葬經翼、葬經翼箋注合編》青烏子著（集文書局出版，1985 年 3 月出版，第 197 頁）有云：

群壟眾支。當擇其特。大則特小。小則特大。參形雜勢。主客同情。

在《地理啖蔗錄》（清、袁守定著，武陵出版社，第 59 頁。）有云：

天機素書。群山低、小取乎大。群山高大向細安。並直而曲者為貴。眾伸而縮者為最。《一粒粟》：十高一低。低處最奇。十低一高。高出賢豪。十大一小。小者為妙。十小一大。富貴經耐。十短一長。擁從為良。

此段所説之選取真龍脈之重點是：

「脈低小取大，脈直取曲，眾脈伸長取縮。」

這説法是大概之説，其實，在群山相連之大幛中，條條山脈落下，如何看出有結作之真脈呢！

據筆者繼大師經驗，取真脈之法，必定在「大幛」下有結穴之脈始為真，其方法是：

（一）一座大山橫放，其支脈條條而下，五相為左龍右虎，所以不能夠取邊傍之脈，若取最左傍山脈，則欠缺左方守護之山，除非在遠處或近處有獨立之山峰守護則例外，右邊山脈亦同一理。

（二）在眾多落脈中，取其有變化剝換之脈，它是起伏連綿，高低起伏而下，由高處之粗頑嶙峋到低處成功嫩，土質不鬆不實，草木茂盛，在結穴處不長高樹或大樹。

（三）其落脈有脈泡，「脈泡」即落脈至山腰或山腳之距離時，山脈再起一山丘，若這脈有結穴，這山丘便是穴之後靠父母星辰，是穴星。

（四）落脈至山腰及山腳間，脈必須有收有放，這脈是先落到一定之高度，突然收窄，再起一山崗或山丘，脈隨即下放，這處便是「咽喉」之處，其作用是先把來脈之氣化清，靈氣盡歸於一處，在大龍大結之山脈來說，肥者是「蜂腰」，瘦者是「鶴膝」，正是龍脈「束咽」之處。

在明、繆希雍著**《葬經翼》〈形勢十一篇〉**之三**〈怪穴篇〉**（集文書局出版，第220頁）有云：

總亦須入穴細嫩。藏風不露為妙。若後龍近處。從無抽細作峰腰鶴膝狀。及轃地跌斷者。（喻車軸突然斷掉之意）**必無此法。誤下立致敗絕。慎之。**

此段之重點是說明：穴要藏風聚氣，來龍若無跌斷束咽，龍氣未化，誤下作穴必敗絕。

（五）落脈起一星丘之後，本身脈氣之兩邊要開窩而成穴之左右龍虎侍砂，守護吉穴。

（六）若脈上結穴，脈之餘氣要有內明堂，正是穴面前之小平地，兜收來脈餘氣而被吉穴所受用，是為：「爐底證穴」。

（七）脈在結穴後，其餘氣盡而止，脈再沒有向前走洩，假使有伸延之脈氣，在穴中不見為真。

以上七大點，是一座橫放大山之真龍落脈秘法，除此七大重點外，真龍真脈之貼身左右護脈，最好成順弓形環抱主脈，若貼身左右護脈直出，不反弓外抱，亦不順弓環抱，這只看作穴之左右龍虎是否有情而矣！不作為看真龍脈法之一。

筆者繼大師一向以這七大點作為取脈選龍之法，一天，與友人到香港大埔烏蛟騰附近研究龍脈，發現有一小小山崗，由後方一座橫放之山出脈，左右各有兩層山脈環抱守護，眾脈長而高，獨此山崗小短而矮，山崗下葬滿墳墓，墳穴中可見前朝五層山脈，由高至低重重疊疊而來，橫抱穴場而來，穴位山環水抱，龍脈清奇。

如何引證此山崗是否真龍真脈所在呢！在勘察之下，此脈確是奇特，似乎左右之脈是為此矮小山崗龍脈而設，筆者繼大師分析如下：

（一）脈後方是一大山橫放著，來龍高聳，落脈到山腳後便成為一小山脈㢠迴而出，出身獨特。

（二）同一大幛下，各出脈之中，眾長而高大，唯獨此山崗脈氣矮短而小，是眾脈取其異。

（三）有左右龍虎山脈守護主脈，且主脈停止後，其左右山脈環迴至主脈前方順弓擁抱主脈。

此三點正符合古法中的選取真龍脈脈法，若在五年前，筆者繼大師必定認為此山崗是真龍真脈，當筆者站在穴墳上，觀看前朝群山，發覺其高低遠近並不順眼，雖有群山重疊來朝，但其高度成拭淚之狀，有抹眼淚之形，正是「拭淚砂」，其發生在最遠之第五層朝山，但這點並不是重點。

筆者繼大師再依脈穴之法察看，發覺此穴不真結，這穴真的騙了不少人，幾乎滿山山丘都葬滿墳墓，究竟以何法去證明它是偽穴呢！原來脈法是沒錯的，但法無一定之法，它不是真穴之原因如下：

（一）主脈雖奇而星丘圓丘，星丘雖不高，至盡脈處約五六層樓之高度，但脈氣窄而略急，根本沒有地方能把脈氣凝聚下來。

（二）主脈脈窄，界水從左右兩邊而下，是犯八字水煞，這水煞不是界水之煞，而是脈氣兩傍太窄，脈雖短而並不緩。

（三）出脈是由後山大幛中間而出，因脈氣粗頑未化，真氣無一處地方能凝聚，故雖中脈而出而未能結穴。在【清】沈鎬著《地學》武陵出版社出版，內第 128 頁，〈論脈〉有云：

今明明見祖宗拔起龍樓鳳閣。展開幛翅。中下一脈。豈非中乎。乃行不一二節。忽然斷絕。左顧右盼。逼窄傾斜。頑濁不化。此是何故。

答曰：假出也。昧者執中，強作老樁。不絕郎敗。哲師審之。或於肩於角尋得一脈。先渾後明。透迤精巧。降崖踏逐。回頭審視。始知所見之中非中也。此乃至中。彼實虛堂假座。傀儡幻形。誤耳。誤耳。

此段之「**逼窄傾斜。頑濁不化。**」正是此短脈之缺點。筆者繼大師再看其兩傍山脈，發覺在最近此短脈之右旁白虎山脈，雖不是由大幛中間拖出，但起初發出之脈迂迴屈曲而下，由高至低，由右至左，初出脈不明，後長長迂迴而行，從右邊繞過此短小之中脈而過，透迤精巧，正是：「回頭審視。始所見之中非中也。」

此白虎方之長脈，繞到短矮山崗眾墳穴之正前方，起一小小圓矮山丘，丘前有一小內明堂，小小山丘比眾墳穴之山丘為小、為矮、為短，兩山丘之朝向相同，但兩者的朝向覺受截然不同，其分別如下：

眾墳穴之山丘 ── 前朝五層山脈橫放朝穴，最遠一層成拭淚砂，主出人悲愁。四勢之山雖有，但不甚顧穴。

白虎砂出脈之小山丘 ── 前朝亦有五層山橫放朝穴，位置雖比後方眾墳之山丘低，但奇怪的是，面前朝山之覺受並不成拭淚砂，反而更顯得有情氣聚，這是意想不到的。穴面前有小內明堂兜收脈之餘氣，穴之四方山勢環顧而不欺壓，此穴既不是橫龍結穴，亦非山崗騎龍穴，有側脈閃出而正結之勢，這認脈之處，難就難在此脈是閃身而出之真龍脈，龍脈之煞氣盡化，穴得中位。

由於這真穴與假穴是同一大幛作祖山而出脈，真穴是假穴的白虎砂，它繞過假穴而在其正前方，朝向及外左右龍虎護砂均相同，因此，筆者繼大師取其穴名為：

白虎得位

這「白虎得位」吉穴除前朝群山與假穴相同外，證明它倆穴之真偽最重要的地方，不在於十字四應之山峰，兩穴之正前、正後、正左、正右方，均有山脈守護相照，以外巒頭山勢作證穴法，這只能適用於一般正常結作之穴。

此白虎得位穴之最奇特地方，就是脈氣變化特異，雖然是閃結之脈作穴，但其脈落到平地起出一星丘，這小山丘就是穴之後靠照山，小山丘前少許，有一小平地，穴就結在山丘與小平地之間，非常隱蔽，小山丘之矮峰是圓形，開窩成一小平托，氣化清純，是脈之精神所在，穴是否真結，全看這脈氣之變化。

在明、繆希雍著**《形勢十一篇》**中之**〈察形篇二〉**（葬經翼第209頁）有云：

凡真穴必有圓動處。窩鉗之圓在頂。乳之圓在下。突之圓在中。……孩兒頭下（穴後小腦）**有毬簷。毬簷下有葬口，葬口之上正中曰人中。葬口之下餘氣曰毬髯。**（音驗，耳旁之鬢）**此皆入穴動氣。證佐消息之異名也。**

此段所說之「圓動處」，就是來龍氣脈之代表，「毬簷」即是簷蓬，意喻脈氣之變化，是突處與平地之處，穴之結作與否，全看這些變化，非筆墨可形容，要明師在山上實地傳授方可，此種穴法，是看脈最細微之法，亦是選取真龍脈之主要線索，龍法、穴法、砂法、水法等一同配合，方能準確地點出真穴，觀看地師所點穴地，即可得知其功夫之深淺。

此「白虎得位穴」的確很難點取，好像考地師之功夫，若在五年前，筆者繼大師也未必能點取「的穴」之地，功夫是累積得來，不能心急。

此文中之「七大點取脈法」是定法，而「白虎得位穴」之來脈是活法，定法是根基，活法是根基的變化，學地理風水，必須按取次第，兼得明師親授，把山脈形勢之巒頭功夫深研，後再修習三元理氣，兩者學習到一定程度時，再將兩者配合，則龍穴之元運，山水之元運，定可掌握。

總括所說，白虎得位穴，其特點是：

脈非中發。右落變化。平托正星。局聚難察。

讀者參之！參之！

可惜的是，吉穴之來龍到頭一節，因開拓公路，後脈已被剷去，只剩下小小山丘星頭，龍脈遭破壞矣。可惜！可惜！

《本篇完》

白虎得位來龍大幛

白虎得位正穴朝山

白虎得位假穴之朝山

白虎得位穴星已遭破壞

（十四）蜘蛛穴——四獸十度穴法

繼大師

在山崗龍法中，山脈在大地縱橫交錯，必須能確認是真龍山脈，這點就是風水學之上尋龍法，風水學上之名詞很多，易使學者混亂，但是，真正的龍脈，是有方法去證明的。

首先，脈分主脈及傍脈，在山崗丘陵地勢中，以一座山中，有多條脈垂下至平地，主脈除左右兩傍有山脈守護外，它必須有起伏變化，山由粗變幼嫩，稱之為「剝換」，主脈至山腳或山腰不等，只要脈再連起一山丘，丘下有平地少許，丘之左右邊略弧形向內抱，這樣多有真穴可結。

其次，觀察這種山丘下之後靠山，看看是否正靠著，這之為「蓋山」，或「樂山」，再看其前方是否有大小不等之平地，平地前方又有群山環繞，前方平地稱之為「明堂」，前山是「朝山」，又稱「照山」，再看遠處左右是否有山守護，若有，這謂之「夾耳山」，前山環繞謂之「羅城」。

符合以上各種條件，始謂之真穴真龍，古法之地理書中以四獸：「前稱朱雀，後稱玄武，左稱青龍，右稱白虎。」一去形容穴之形勢，以穴在中心計算為準。【唐】楊筠松所著**《撼龍經》**（四庫全書版本，武陵出版社出版，第 11 至 12 頁）有云：

亦有高峰是玄武。玄武落處四獸聚。聚處方為龍聚星。四獸不顧只成空。空亡龍上莫尋穴。縱然有穴星歇滅。

所以，大凡點穴，以四獸及脈氣之變化為主，雖不中亦不遠矣。

在香港新界近鹿頸及大埔之間，筆者繼大師偶見一座山橫放在地上，明顯可見，其對面有群山層層對朝，此山是木形星為祖山，是龍脈出身處之最高峰，頂是圓頭而有情，此座山橫放而成一大嶂，山中有山脈多條而下，其中一條脈落至山腳成一條矮山山脈前行，化成數個山丘，最後停在一小平地上。

它左右之小山脈均未止，且向前行少許，且左脈向前而彎入此主脈正前方，環抱守護，來龍主脈由高處級級而下，約四至五層，其山脈所帶動之靈氣，被這主脈全接收。主脈有一圓金形山丘，其脈緩緩而下，止於平地上，依照風水古法，穴就在這主脈山丘之中。

原來，山丘之上，早已滿葬了各式之山墳，其中有一墳在山丘中間處，筆者繼大師考察其穴，發覺穴位有少許偏差，這又如何去證明呢？在【清】袁守定著《**地理啖蔗錄**》（武陵出版社出版）內第 100 頁有云：

蟹眼。蝦鬚。相暗水于涓滴。蟬翼。牛角。察陰砂于微芒。

此山丘中之墳穴，雖符合四獸山之形勢，左右亦有雙水守護，水外又有矮山脈環繞，但是，若站在墳上看，其左右之蟬翼（穴左右兩傍之山脈，細微者曰「牛角」，其甚薄之山曰「蟬翼」。）雖有多重，但穴之「蟬翼」均高不過耳，其高度未能守護墳穴，因此易被左右風吹，脈氣不能聚，此左右之遠山，稱之為「夾耳山」。在《**地理啖蔗錄**》第 100 頁亦云：

凡真穴。必後有蓋山。前有照山。左右有夾耳山。謂之天心十道。四山如十字登對。謂之十道。應不對。為十道不應。

此墳穴之天心十道雖有，且十字四山（前、後、左、右之山）登對，但左右夾耳山剛好與墳之高度相同，因此墳穴有缺點，夾耳山包不過頂，墳必受風吹而氣散，此乃點穴之重點，由此點可證明墳穴之位置不正確，若穴有一點瑕疵，必須看看其位置可否有變，若有，移到得位地點，則點穴更準確，若無處可下，則穴是假。

若此墳之左右夾耳山高聳，則要看看是否高壓欺迫墳穴，再仔細一點，要看左右夾耳山是否反背或環抱，抱則有情，背是無情，再深入一些，要看其方位是否在吉方，若在空亡線度上，雖山有吉勢，但犯空亡煞位則凶，穴必另有他處。

筆者繼大師再往墳穴之青龍外砂觀看，發覺穴之四週，出現條條矮小山脈，在平面上看來，來龍至穴處像一隻大蜘蛛，圓金形山丘是蜘蛛頭，正穴之位置在口部上處，其形非常靈巧，在這數里範圍中，就只有這一處是正穴，故喝這穴名：

蜘蛛穴

這穴之秘密，在於細察其主脈脈氣，其秘中之秘，又在於審察四獸中之夾耳山，因穴前朝山高，且級級而來，穴是逆水，主速發。

故此，龍法、穴法、砂法及水法，四者要同看，再加以理氣立向收山消水，五者能深入，又遇大福份者，必能給人賜福，這定穴秘法，在**《地理啖蔗錄》**內第 268 頁有很好的指引，內云：

凡穴既定。則穴星證穴。應星證穴。氈唇證穴。龍虎證穴。朝案山證穴。夾耳砂證穴。以及三陽、四靈。十道水城、水口。無一非證穴者。山穴之所以確鑿可憑。自智者觀之。如指諸烊。非游移不可捉摸之物也。凡穴既定。則地理畢會。

這段文章，重點在說明，凡尋龍點穴，要注意各種點穴法，要綜合一同察看，若能清楚明白結穴道理，點穴定寸步不移，地理之道已得矣。

穴之得否，先在巒頭形勢上判斷，若全合，則可取用，後始可取其形而喝其象。這蜘蛛穴既合穴法、龍、砂法及水法，在找出「的穴」位置後，筆者繼大師再量度此穴之向度，發覺是當旺龍穴，去水口不見，明堂雖略長，但在穴上向前看，砂層層而來，而穴之最秘密處，就是穴之龍虎夾耳砂，**《疑龍經》**云：「**左右低時在低處。左右高時在高崗。**」

蜘蛛穴之左右夾耳砂，其高低足以影響穴之位置，能了悟夾耳砂法，須得明師真傳，有證有驗，點穴始能準確，膽大心細，領悟於心，尋龍點穴不難矣。

寫一偈曰：

夾耳東西
脈氣高低
證穴秘法
十字元徽

《本篇完》

蜘蛛穴之後靠祖山大幛

蜘蛛穴之來龍落脈

蜘蛛穴

蜘蛛穴之面前堂局

（十五）蓬瀛古洞開山祖之墓 — 榗門三格繼大師

位於大嶼山觀音山下，有一墳穴建於乙卯年（公元 1915 年），墓中人是「蓬瀛古洞開山祖葉善開先生」，墓之位置在觀音寺下側，在慈航路邊；其來龍遙遠，整個大嶼山島嶼，以鳳凰山（934 米）為最高祖山。

其向西方發一支脈，經木魚山（479 米）、獅子頭山（493 米），南下觀音山（434 米）成一小嶂，在整座山中，中間落出一脈，左右有護砂守衛，脈寬濶肥大，途經觀音寺後之靠山山脈，後在左方青龍再出一幼脈，頓跌一二節便到此開山祖墳上。

由於開山祖墳來龍脈氣由濶而窄，其墳穴位置之右方白虎處，因為開拓慈航路關係，把原有之開山祖墳右方部份脈氣削去，以致墳穴前端收窄而不合穴法，其右方慈航路又反弓而略帶煞，此兩點是人為因素所破壞。

開山祖墳由觀音山中間肥潤山脈之左方青龍邊處落脈，它亦具備來龍脈氣，是接氣法之脈氣，正如蔣大鴻地師著《天元歌》〈第二章〉（武陵出版社《相地指迷》內第卅頁）有云：

我師更有方便法。傍枝傍脈有來情。只要穴後生一突。緊粘穴下作穴星。此法名為接氣訣。

此即是後方來龍是傍枝脈氣而來，其間有一略凸之脈節，或脈氣緩來而不急斜，前脈止而沒有拖洩，略有唇托，則脈氣可暫止而蓄，而這開山祖墳正是此等格局。

開山祖墳以觀音山為祖山，以薑山、龍仔悟園為左方青龍護砂，以象山、為遠方右白虎護砂，獅山南下餘脈是案山，獅山及尖峰山山峰為前朝凹峰水口之華表，其格局山環水抱，羅城緊密而寬濶，由於羅城群山高聳，雖前面空間廣濶，仍覺堂局氣聚緊密。

此墳最好之處，便是前朝橫放一矮小平土圓角之山丘，形狀像木魚，是獅山南下餘脈之山丘，非常有情，主應後人唸經拜佛，是尅應後人唸佛修行。木魚形案山之遠處後方便是大澳，有虎山及石仔埗之山丘突出，比木魚山丘為高，中間正朝墳穴，略左是三個圓金形山丘，略右是虎山處之圓金形山丘，中間略平而相連，在墳穴中亦可得見，與木魚形之山丘，一同正正朝穴，此處是整個墳穴最優秀之地方；其次就是羅城環抱，水聚天心，是順局。

前朝有凹峰，凹峰最低處是木魚形案山，且作橫放而有情，前朝凹峰之左右有尖峰，稱之為華表桿門，因為凹峰是墳穴羅城中唯一之缺口，所以亦是出氣之氣口，又稱水口，又是凹峰，故又稱「天關」。

由於天關是指來水或來氣之口，這墳穴前朝之凹峰是出水口，所以稱「地戶」較為恰當。在**《地理人子須知》〈卷五上〉〈砂法〉**（乾坤出版社第276頁）**〈論天門地戶〉**有云：

蓋穴之左右。不問青龍白虎。但水來一邊謂之天門。水去一邊謂之地戶。趙緣督云：水從左來流右去。左邊為天門。右邊為地戶。水從右來流左去。右邊為天門。左邊為地戶。不拘青龍白虎。但水來一邊要開濶寬暢、山明水秀。水去一邊要高帳、緊密閉塞、重疊不見水為吉。

總結一句，穴前之高處方為來水或來氣方，低處為去水或去氣方，但剛好此開山祖墳之後方高聳，羅城高山環繞，只是正前方有凹峰，故水氣由各方而下。

水氣聚至穴面前之深窩明堂處，再由正前方凹峰而出，故出水或出氣方為「地戶」，又是「下手處」，故木魚形山丘及遠方金形山丘是「下手砂」，又稱「水口砂」，正乎合：「**水去一邊要高帳、緊密閉塞、重疊不見水去為吉。**」之原理。

由於墳前朝穴之凹峰是出氣口，亦是出水口，凹峰左右邊有尖峰級級而下至凹峰之低部，顯得尖峰更具威勢，這是「華表山」，又稱「桿門」，而桿門有三種格局，筆者繼大師述之如下：

（一）逆水之桿門 ── 墳穴前朝之山群遠而高，水氣由穴前遠方而來，遠山與穴之中間處，有二尖峰一對，矗立於穴正前方之左右處，是為逆朝之桿門。

（二）順水之桿門 ── 墳穴後方來龍山脈比穴前朝山為高，水氣由穴之後方流出穴之前方，前方左右有尖峰高山矗立而對稱，是為穴之順朝桿門。

（三）橫水之桿門 — 在墳穴處觀看前方，水由右倒左，或由左倒右，無論出水口在墳穴左或右之任何一方，其出水口處，有尖峰一對把守，矗立於水口之兩側，是為橫水方之桿門。

以上三種格局之桿門，山峰只要高聳矗立，有一定之高度，或與其他山群相連亦可，亦不一定是要火形之尖峰山頂，也可稱為「桿門」。**《地理人子須知》**第 284 頁**〈桿門〉**有云：

桿門山者。水口之間兩山對峙如門戶之護捍也。有三格。其一穴前之端。居左右如門戶。放入前砂。外洋遠秀朝揖。其二江水陽朝。先開桿門。水由門戶中出。洋洋坦夷。來不見源。去不見流。其三則水口關欄。開設門戶。水山北逝。此皆大貴格也。

這桿門之功能，可增加墳穴之聲威，雖然此開山祖墳前朝有優秀之凹峰、桿門、明堂、木魚案山及羅城環抱，而來龍又非陡斜急峻而來，來脈並非帶煞，但它有兩處頗大之缺點，一是巒頭犯煞，二是理氣向度之煞，這是筆者繼大師之個人見解，其巒頭上之煞，玆述而下：

墳穴之處雖的，四應之山俱有，亦合於巒頭之天心十度證穴法，其青龍砂守護有情，夾耳亦高聳，可惜墳穴所在之脈處，與青龍山山脈之間，有一深窩凹位，水氣從深窩凹坑而正出墳穴前方，以墳穴本身來說，等於其左脇被割，深窩之凹位，形成一深凹之界水，稱為「割脇」，亦稱「漏腋」，主應長房孤絕

若此「割脇漏腋」出現於右邊之白虎方，這還可以有救，其法是後代生人，不出現於漏腋方在羅盤廿四山之干支年份，或與此方合三合方之年份，若其後代只生兩房，不生育第三房即可，因右方白虎應三、六、九房，但現在出現於左方青龍處，若要化解此煞，甚難矣，要作出一些犧牲。

此「漏腋」或「割脇」，在巒頭煞上之說法可見於在魏、管輅著之**《管氏地理指蒙》〈第五卷〉〈四三〉〈山水釋微〉**（裕文堂書局出版，內第 172 頁）有云：

「**帶劍斜傾去。不知其漏腋。**」（此版本之標點有誤，現為改正版，可參閱士林出版社之《珍藏古本堪輿祕笈奇書》內第 652 頁第一行所載版卽知。）

其〈**第六卷**〉〈**四八**〉〈**水城**〉（裕文堂書局版，第190頁）亦云：

徒知山之不可偏。不可頗。（即不可歪斜）**罕知水之不可淫。不可蠱。無佩劍之腋溜。**

這兩處所提及之「漏腋」及「腋溜」，是指穴左或右方之近處，有帶劍形而斜傾直出之深坑界水，使水氣界割左右脇腋，而「佩劍」之形，是指直長木形之狀，由於開山祖墳之左方深坑界水範圍太大，不易修改，此一大遺憾。

至於此墳穴在理氣方面之缺陷，筆者繼大師述之如下：

墳碑坐東南向西北，在廿四山之「辰」山而向「戌」山，略挨「乙、辛」方，雖然並非大空亡綫位，但剛好向度疊在小空亡位置上，若以三合之水法而論，則屬「四墓黃泉水」即「辰水、戌水、丑水、未水」主夭亡孤寡，（可參閱《地理人子須知》〈卷八上〉之〈天星水法〉，第469頁之「四墓黃泉水」。）

若以三元六十四卦之玄空大卦理氣來說，則是兩卦之交界綫位，正是陰陽交界位。而「辰、戌」二山之向，是天羅地網位，貴人不臨，這裡有多種說法，但無論如何，此「戌」方之位，是犯小空亡煞綫。

此墳穴若非犯上以上兩大點毛病，它是可以造葬的，若然或有明師造葬，則可修改其缺點，以人工去補其先天不足，此是吉凶參半，好壞一同受尅應，若墓中人是出家大師，則其嚴重性亦會減輕，是因人而定。這是筆者繼大師個人之愚見，但至於墓中人之身份，則無法得知，相信定與「蓬瀛古洞」有密切關係。

寫一偈曰：

墓接脈氣
木魚案奇
羅城凹峰
割脇煞微

《本篇完》

中間遠處是觀音山，為 開山祖墳之落脈靠山。

開山祖墳

開山祖墳 前面平托

開山祖墳之朝山

後記 — 風水靈穴釋義

筆者繼大師在二千年間，先後勘察及考證多個墳穴，每考察一墳，必以文章記之，這十五篇文章，由數百篇有關墳穴之文章中選輯成書。除香港穴地外，亦有遠赴新加坡武吉知馬山腰間所磡察之墳穴，以各墳穴之特色，詳細分析墓地之穴法、龍法、砂法，引用風水古籍詳論之。書中內容有：

證穴法及賤砂八法、離鄉砂及元辰水釋義、捲簾殿試格、順水局釋義及雙腦穴、論平陽龍註釋、風煞單寒及漏胎之看法、穴格三種、救貧穴法、龍與局之關係、結橫騎龍穴之祕法、金星三格、鬼尾釋義、後發初凶之理、審勢之法、尋龍脈法、四獸之看法、廻龍結穴之特點、特異行龍之選取真龍法、四獸十度穴法、桿門三格。

為求使內容更易明瞭，在每篇文章後加以相片，筆者繼大師寫作，不論何種術數，只要筆者懂得的，便筆之於書。這數十年來，寫作不斷，除自著之外，亦把一些重要的風水經典古籍註解，書本數目，一直增加。

在2025年初，著作數量已超過50本，有時甚至數書同時一起著作；術數書籍以風水為主，正五行擇日為次，然後兩者合一，以風水及擇日尅應，寫出真實個案，以實用為主，原理為輔，期望將來能著作更多風水墳穴之文章，以饗讀者。

寫一偈曰：

大地風水
靈穴釋義
闡揚古法
開啟道門

繼大師寫於香港明性洞天
甲申年孟月吉日
乙巳年季春重修

榮光園有限公司出版 —— 繼大師著作目錄：

已出版：正五行擇日系列

一《正五行擇日精義初階》二《正五行擇日精義中階》

風水巒頭系列 — 三《龍法精義初階》四《龍法精義高階》

正五行擇日系列 — 五《正五行擇日精義進階》六《正五行擇日秘法心要》七《紫白精義全書初階》

八《紫白精義全書高階》九《正五行擇日精義高階》十《擇日風水問答錄》

風水巒頭系列 — 十一《砂法精義一》 十二《砂法精義二》

擇日風水系列 — 十三《擇日風水尅應》 十四《風水謬論辨正》

風水古籍註解系列 — 十五《三元地理辨惑》馬泰青著 繼大師標點校對

十六《三元地理辨惑白話真解》馬泰青著 繼大師意譯及註解

風水巒頭系列 — 十七《大都會風水秘典》十八《大陽居風水秘典》

三元卦理系列 — 十九《元空真秘》原著及註解上下冊（全套共三冊）劉仙舫著 繼大師註解

風水祖師史傳系列 — 二十《風水祖師蔣大鴻史傳》

三元易盤卦理系列 — 廿一《地理辨正疏》蔣大鴻註及傳姜垚註 張心言疏 繼大師註解（全套共上下兩冊）廿二《地理辨正精華錄》

大地遊踪系列 — 廿三《大地風水遊踪》廿四《大地風水神異》

廿五《大地風水傳奇》與廿六《風水巒頭精義》限量修訂版套裝（廿五與廿六全套共二冊）

正五行擇日系列 — 廿七《正五行擇日精義深造》

風水古籍註解系列 — 廿八《千金賦說文圖解》—（穴法真秘）— 劉若谷著 繼大師註解

風水巒頭系列 — 廿九《都會陽居風水精義》卅《水法精義》

正五行擇日系列 — 卅一《正五行擇日尅應精解》

風水巒頭系列 — 卅二《風水秘義》

卅三《穴法精義》　**風水古籍註解系列** — 卅四《奇驗經說文圖解》 — 目講師纂 — 繼大師註解

風水祖師史傳系列 — 卅五《風水明師史傳》

正五行擇日系列 — 卅六《正五行擇日訣法》

風水祖師史傳系列 — 卅七《風水明師呂克明史傳》（非賣品）個人收藏版，隨《玄空真解》附送

風水古籍註解系列 — 卅八《玄空真解》上下冊 — 繼大師註解（全套共六冊）

三元卦理系列 — 卅九《三元地理命卦真解》

風水古籍註解系列 — 繼大師註解　四十《管虢詩括暨葬書釋義》　四十一《風水靈穴釋義》

未出版：

四十二《大地墳穴風水》　四十三《香港風水穴地》　四十四《廟宇風水傳奇》

四十五《香港廟宇風水》　四十六《港澳廟宇風水》　四十七《中國廟宇風水》

風水古籍註解系列 —繼大師註解　四十八《青烏經暨風水口義釋義》

四十九《管氏指蒙雜錄釋義》　五十《雪心賦圖文解義》（全四冊）

榮光園有限公司簡介

榮光園以發揚中華五術為宗旨的文化地方，以出版繼大師所著作的五術書籍為主，首以風水學，次為擇日學。

風水學以三元易卦風水為主，以楊筠松、蔣大鴻、張心言等風水明師為理氣之宗，以巒頭（形勢）為用，擇日以楊筠松祖師的正五行造命擇日法為主。

為闡明中國風水學問，用中國畫的技法劃出山巒，以表達風水上之龍、穴、砂及水的結構，以國畫形式出版，亦將會出版中國經典風水古籍，加上插圖及註解去重新演繹其神韻。

日後榮光園若有新的發展構思，定當向各讀者介紹。

作者簡介

出生於香港的繼大師，年青時熱愛於宗教、五術及音樂藝術，一九八七至一九九六年間，隨呂克明先生學習三元陰陽二宅風水及正五行擇日等學問，於八九年拜師入其門下。

《風水靈穴釋義》繼大師著

出版社：榮光園有限公司 Wing Kwong Yuen Limited
香港新界葵涌大連排道35 - 41號, 金基工業大厦12字樓D室
Flat D, 12/F, Gold King Industrial Bldg. , 35-41 Tai Lin Pai Rd, Kwai Chung, N.T., Hong Kong

電話：(852) 6850 1109
電郵：wingkwongyuen@gmail.com
發行：聯合新零售(香港)有限公司 SUP RETAIL (HONG KONG) LIMITED
地址：香港新界荃灣德士古道220～248號荃灣工業中心16樓
16/F, Tsuen Wan Industrial Centre, 220-248 Texaco Road, Tsuen Wan, NT, Hong Kong
電話：(852) 2150 2100
電郵：info@suplogistics.com.hk

印刷：榮光園有限公司 Wing Kwong Yuen Limited
作者：繼大師
繼大師電郵：masterskaitai@gmail.com
繼大師網誌：kaitaimasters.blogspot.hk

《風水靈穴釋義》繼大師著

ISBN：978-988-70695-2-2
定價HK$ 500
版次：2025年4月 第一次版